国家社会科学基金“十二五”规划教育学一般课题成果

21世纪校长研修丛书

学术性高中的内涵与实践研究

XUESHUXING GAOZHONG DE NEIHAN YU SHIJIAN YANJIU

果淑兰 著

北京师范大学出版集团
BEIJING NORMAL UNIVERSITY PUBLISHING GROUP
北京师范大学出版社

图书在版编目（CIP）数据

学术性高中的内涵与实践研究 / 果淑兰著. —北京：北京师范大学出版社，2017.9

（21 世纪校长研修丛书）

ISBN 978-7-303-22605-4

Ⅰ. ①学… Ⅱ. ①果… Ⅲ. ①高中—学校管理—研究 Ⅳ. ①G637

中国版本图书馆 CIP 数据核字（2017）第 190483 号

营 销 中 心 电 话 010-58802181 58805532

北师大出版社职业教育与教师教育分社网 http://zjfs.bnup.com

电 子 信 箱 zhijiao@bnupg.com

出版发行：北京师范大学出版社 www.bnup.com

北京市海淀区新街口外大街 19 号

邮政编码：100875

印 刷：天津市宝文印务有限公司

经 销：全国新华书店

开 本：787 mm×1092 mm 1/16

印 张：13.75

字 数：216 千字

版 次：2017 年 9 月第 1 版

印 次：2017 年 9 月第 1 次印刷

定 价：36.00 元

策划编辑：郭 翔 责任编辑：董洪伟 孟 浩

美术编辑：焦 丽 装帧设计：焦 丽

责任校对：陈 民 责任印制：陈 涛

C O N T E N T S

目录

引　言　为什么建设学术性高中？

YINYAN WEISHENME JIANSHE XUESHUXING GAOZHONG?

近年来，伴随着社会经济发展水平的不断提升，人们对教育重要性的认识也进一步深化，人们越来越不满足于“受教育机会”这种简单的、基本的需求，而是进一步对教育质量提出了更高的要求。对于政府来说，需要不断改善教育供给侧的结构和质量；对于学校来说，需要不断改善学习环境，提高教育教学质量。那么，如何提升教育质量呢？我们今天的教育质量观又有什么变化呢？

从宏观角度来看，知识经济的到来、国际竞争的加剧都对中国经济增长方式和产业升级提出了更高的要求，进而要求各级教育培养具有创新能力、持续学习能力、积极上进精神的新一代。2016 年 9 月，国家发布《中国学生发展核心素养》，将传统的认知能力，特别是考试范围内的认知能力，扩展到六大领域。这意味着提高教育质量有了新的含义，也必将使教育实践领域发生根本性的变化。那么，在微观层次上，一所学校如何在教育实践中转变教育质量观呢？在本书的开头，我们首先把北京市探索提高教育质量的过程简短地梳理一下，说明我校（北京市第十一中学）的探索是在北京市整体探索基础上的自然延续，说明在提高教育质量的技术路径上，学术性高中建设是对于以往策略的继承和创新。

一、第一轮课程改革：以拔尖创新提高教育质量

为了呼应现实的需要，北京市于 2007 年启动了普通高中课程改革，截至目前已完成两轮实验。

第一轮实验主要依托“翱翔计划”，探索拔尖创新人才培养模式。2008 年，北京市正式启动“翱翔计划”。该计划以研究性学习为课程载体，以集中与分散相结合为主要修习方式，以参与的表现和业绩水平为评估内容，构建了灵

活有效的优秀高中生培养机制，打破了中学与大学的壁垒，让学生在科学家身边成长，经历并体验科研的过程。

2010年，由北京市教育委员会、北京市科学技术委员会共同举办的北京青少年科技创新“雏鹰计划”启动。它是“翱翔计划”的姊妹计划，确定了100所左右的“雏鹰计划”项目实验学校，包括首都博物馆、北京天文馆等在内的100多家单位将为中小学生课外研究实践提供支持；中科院蛋白质科学国家实验室、北京市临床医学研究所感染内科实验室等30个重点实验室向中小学生开放，在培养科技创新后备人才方面进行探索和尝试。① 正如计划所阐释的那样，“雏鹰计划”和“翱翔计划”都是为了在高中生中培养拔尖创新人才，建立了科研机构与中小学校的合作机制；略有不同的是，“雏鹰计划”带有一些“科普”性质，旨在提高中小学生的创新精神和实践能力。

按照培养科学家的方式培养学生，在很多国家的历史上都曾经被作为提高教育质量的途径。在美国，第二次世界大战后的科学主义时代，要素主义盛行，由科学家编写教材，按照能力将学生分组，强调数学、科学和外语，也曾经被普遍接受为提高美国基础教育质量，对抗来自苏联的威胁的重要手段。这一时期，在教育思想上主要是纠正20世纪20年代以来美国教育中进步主义教育的影响，批判进步主义教育只强调学生的兴趣和学生的成长过程，而忽视知识体系的完整性。

要素主义是与进步主义相对的，它们都在实践中显示了自身的局限性，也都在后来的教育教学改革中得到体现。由此看出，教育质量并不等同于科学家的知识容量，也不是要素主义的纯粹认知过程，而是知识与认知过程的结合。这种结合的方式，才是在实践中进行模式探索的关键。

二、第二轮课程改革：多样化发展渐成方向

第二轮实验结合高中学校多样化、特色发展的方向，坚持统筹规划和因地制宜相结合，着重在人才培养模式、课程设置与实施以及办学体制、办学模式等方面进行顶层设计；坚持改革试点与全面推进相结合，以试点和项目为

① 王超群．北京启动青少年科技“雏鹰计划”[N]．中国教育报，2010-01-09(1)．

抓手进行重点突破，注重基层探索，以点带面；坚持政府引导与学校自主探索相结合，鼓励学校结合实际大胆探索与创新。①

在课程改革由点到面不断拓展的过程中，拔尖创新人才的培养模式以及以研究性学习为载体的优秀高中生培养机制，都会遇到“复制”困难的问题。适用于优秀学生的培养机制，如何才能在普通学生中实施呢？不可否认，科学家的特质并不是所有学生通过培养就可以获得的。比如，对问题的敏锐性、独特的视角以及执着的工作态度……显然，提高质量的目标不是培养科学家，而是培养科学思维。“翱翔计划”和“雏鹰计划”突出了科学家的工作特征（做研究）、行为特征（做实验），却忽视了科学思维，也忽视了人文和社会科学的思维品质。

在第二轮课程改革中，北京市提出“校本化”课程改革方案的思路，强调学校的创新和个性化，尊重学校的自主探索。在这种情况下，北京市第十一中学和所有的高中学校一样，都要在总结以往课程改革模式的基础上，立足本校的学生学情、社会发展趋势以及教育理论研究的进展，回答两个核心问题：在“拔尖创新”之后，普通高中课程改革背景下的育人目标究竟是什么？在北京市第十一中学这个特殊的场景下，确定育人目标后，我们该如何设计系统的实施方案，并将其落实到实际操作过程中？

三、我校探索：从拔尖创新到学术素养

北京市第十一中学在历史上是一所为南城劳动人民子女就学服务的普通中学。经过几十年的发展，我校已成功跻身“北京市示范性高中”建设行列，成为东城区12所示范性高中之一。多年来，我校的高考成绩也一直保持“稳中有升”的局面。

在北京市普通高中多样化发展整体战略的指导下，我校要确定自己的战略发展方向，就要看清自己的优势与劣势，看清自己拥有的资源与潜力。简单地说，我校的优势是教师勤奋质朴，对学校有非常高的认同感；家长信任学校，学校在学生培养中拥有较高的决定权。我校的劣势是与海淀区、西城

① 罗洁．北京市普通高中课程改革的实验与反思[J]．中国教育学刊，2014(5)：10-15.

区的学校相比，学校可依赖的家长资源非常有限，学校不可能请科学院的家长介绍科学前沿话题，也无法请艺术家家长指导学生艺术素养教育，学校和教师需要“自力更生”地完成课程改革的探索任务；学生的家庭教育资源也非常有限，大多数学生来自普通家庭，家庭藏书、家庭学习环境都非常一般，学校是学生们获得教育的主要场所。

在我国普通高中教育改革和转型的大背景下，我校进行学术性高中建设的探索具有很强的理论意义和实践意义。在理论上，我们将学术性高中建设的内涵界定为“培养学生的学术素养，提高教师的教育学术能力”。

（一）学术性高中的建设方向：培养学生的学术素养

从培养学生的学术素养角度来看，我国学术界一直倾向于将创新能力与拔尖人才联系起来，将学术素养与精英教育等同。然而，一个国家的创新能力不能仅仅依赖于拔尖人才，它需要整个社会气氛和评价标准的变化，需要下一代整体的创新能力做基础。① 因此，我校的学术性高中建设强调“学术素养观”，即每个学生都能够具备理解知识自身的逻辑和用知识解释周围世界的能力。这是培养学生思维习惯，提高学生终身学习能力的有效途径。“学术素养观”是普通高中课程改革的精髓，它反映了知识经济时代的知识观、能力观的根本改变。

将学术素养作为我校学术性高中建设的理念，还基于信息社会中知识观的变化。当今社会，知识存量呈现几何级数增长，知识本身的价值大打折扣，而学习能力的价值得以凸显。不同于人类过去数千年的状态，今天学生面对的是永远也学不完的知识，他们没有必要也没有可能掌握最大量的知识。与此相应，学生在学习知识过程中的抽象概括能力、批判思维和系统思考的价值、对自然和社会问题持续探讨的兴趣等日益受到重视。“知识作为培养学术素养的载体而不是目标”的观点得到人们的普遍认可。因此，以课题为抓手，在北京市第十一中学的具体实践中，探索针对所有学生的学术素养结构和表现形式，特别是培养模式，是本课题的理论价值的体现。

作为一所普通的示范性高中，北京市第十一中学的探索是极具战略意义

---

① ［美］特丽萨·M. 艾曼贝尔. 创造性社会心理学［M］. 方展画等译. 上海：上海社会科学院出版社，1987：199-200.

的。首先是它的“普通”，虽然我校办学质量和社会信誉都较高，但与北京市的一流学校相比，还有相当大的距离，处于具有一定的改革探索能力，但缺乏卓越人物、缺乏绝对优势学科的状态。其次，我校是北京市“示范性高中”，有责任、有义务在北京市普通高中课程改革进入“校本化实施”阶段以后，展现我校在普通的人力、物力资源水平下，与兄弟学校基本相同的状态下的探索成果。因此，在结合北京市第一轮课程改革实验的经验，充分理解课程改革的目标和理念的基础上，我们希望以一个非常“普通”的高中学校的力量，尝试在学校中建设一种以探索教育教学专门知识、有效提高学生创新能力和学习能力的学术文化，构建有利于教师进行教育学术能力探索的制度环境，提供丰富的校本课程和校园活动，实现多样化的评价方式，通过充满学术性探索的教育过程，建设有利于提高学生学术素养、培养学生良好思维习惯的学术性高中。

（二）教师队伍的建设方向：提高教师的教育学术能力

从传统意义上来说，人们认同高质量的教师是与教育质量呈显著正相关的，提高教师质量是解决普及教育后提高质量问题的主要途径。然而，对于什么是高质量的教师以及如何培育高质量的教师队伍，学术界一直没有达成广泛共识。这就促使实践中缺乏相应的技术手段和制度安排来提升教师队伍的质量。那么，提高教师质量的道路是否能够走得通？

1978年以来，我国进入改革开放时期。三十多年以来，我国发生了翻天覆地的变化，经济上的成就有目共睹，社会发展也日新月异。在教育领域，我们实现了普及九年义务教育的目标，基本满足了现代社会对人才的需求。但教师劳动力的短缺一直困扰着义务教育的普及过程，这促使过去三十多年以来各级政府教师政策的主要内容就是保证教师待遇，保证充足供给。

然而，伴随着学龄人口的不断减少以及教师队伍自身人力资本水平的提高，教师短缺问题、学历问题已经不再是人们关注的焦点。人们对教育的需求也随着经济发展水平的提升而发生了转变——由对教育充足性的追求转向对教育质量的要求，这就使“巩固”“提高”和“内涵式发展”成为下一阶段基础教育发展的目标。而这一任务对教师队伍的质量提出了更高要求。

2012年，教育部颁布了《小学教师专业标准（试行）》和《中学教师专业标准

（试行）》，提出了包括专业理念与师德、专业知识和专业能力在内的三个维度的教师专业标准。其中，教师专业能力涵盖了探讨课程和教学方式的能力，有效地管理班级和支持学生成长的能力。它静态地描述了一个合格教师应该具有的能力。教师的教育学术能力则是实现教师专业标准的途径和手段，它动态地推动教师在具体的教学和学生管理中，不断积累经验，推动教师专业能力的达成。

在教育实践中，一些发达地区的学校也曾对教师队伍的专业能力提升做出了自己的探索。当然，现阶段学校层面的探索是零散的，并没有形成广泛共识，也并不足以构成可借鉴的制度经验。本书正是基于这一现实，在实践中探索教师“干中学”的创新方式，探索实施教师终身学习理念的制度设计和组织架构；在不断提高教育质量和促进创新人才培养的背景下，对普通中学的育人目标以及中小学教师队伍的持续发展进行探讨。

在课程改革伊始，改革的目标是将以知识为导向的教学过程转向能力导向，知识和能力对立，能力非常泛化，可以无限大。学术素养将能力范畴具体化为学生的思维和认知能力，其对象主要是知识和知识传授过程。虽然这在教与学的过程中也会影响学生社会情感的培养，但它本质上还是一个知识论范畴的理念，比较符合我国中小学教师的认知视野。

普通高中都在寻找提高质量和持续发展的道路，这条道路既要符合国家普通高中改革的方向，又要体现学校自身的特色。北京市第一轮课程改革实践的成果确定了研究过程对于培养学生能力的重要意义。在剥离掉其中的优秀学生和拔尖创新的特征，同时增加了终身学习能力的属性之后，提高学生的学术素养和提高教师的教育学术能力就成为普通高中校本化探索的两个支柱。

第一章　理论基础及研究设计

DIYIZHANG　LILUN JICHU JI YANJIU SHEJI

如前所述，在北京市第二轮普通高中课程改革的多样化探索实践中，我校将学术性高中作为学校发展的战略方向，并把学生的学术素养和教师的教育学术能力作为两个研究的支柱。因此，学生的学术素养和教师的教育学术能力就成为研究展开的核心概念，也成为研究设计的出发点。

第一节　核心概念和理论基础

一、核心概念

（一）学术素养

与“教育”“素养”等经常使用的词汇一样，学术素养经常在教育实践中被使用，但却很少被科学而完整地加以定义。

《辞海》对素质(quality)一词的定义为：“① 白色的质地。杜甫《白丝行》“已悲素质随时染，裂下鸣机色相射”。②本质。张华《励志诗》“虽劳朴斫，终负素质”；③素养，如政治素质、思想素质。④ 在心理学上，指人的先天的解剖生理特点，主要是感觉器官和神经系统方面的特点。是人的心理发展的生理条件，但不能决定人的心理内容和发展水平。某些素质上的缺陷可以通过实践和学习获得不同程度的补偿。”①在素质教育的背景下，我国教育界所使用的显然是第四个含义。

素养(literacy)是发达国家常用的一个词语，表示一般性的能力和教养，

① 夏征农，陈至立．辞海[M]．上海：上海辞书出版社，2009.

是基础教育培养的目标。国际学生评估项目(PISA)将此扩展到我国，被大家所熟悉的是科学素养(scientific literacy)。根据国际学生评估项目所使用的内涵，科学素养可以概括为三个组成部分，即对于科学知识达到基本的了解程度；对于科学研究过程和方法达到基本的了解程度；对于科学技术对社会和个人所产生的影响达到基本的了解程度。

在英文中，学术素养在广义上等同于“academic accomplishments”，是指进行批判性思考和系统分析的品质和达成程度；或者“academic quality”，是指学术质量，意义比较含糊。

与“学术素养”比较接近的一个词语是认知能力(cognitive competence)，在心理学中，是和学业成绩不同的一个概念。它强调一个人对事物的构成、性能、与他物的关系、发展的动力、发展方向以及基本规律的把握能力；它衡量学习及完成一项工作的能力；它是遗传的结果，也可以是发展的结果；它的发展框架可以分为语言能力、计算能力、感知速度、空间能力及推理能力。①

相对于“素质”，“素养”更具有一般性，具有学科教学和学生培养的意义。依据科学素养的内涵，“学术素养”是由相互关联的三部分组成的，包括知识、方法和过程、对于社会的作用。具体来说，就是具有足够的可以阅读和理解科学、社会、人文、艺术术语的能力，理解运用这些不同的学科探究周围世界的不同路径和方法，理解这些不同的探索对人类生活和工作所产生的影响。以上定义建立在知识论的基础上，也是国际文凭课程(IB)对于教育目标的定义。

(二)教育学术能力

在英语中，“academy”来源于公元前 387 年柏拉图在雅典城外建立的学园。这是欧洲历史上第一所综合性传授知识、进行学术研究、提供政治咨询、培养学者和政治人才的学校。柏拉图的学园前后持续存在达 900 多年之久。以后西方各国的主要学术机构，如学院、研究院、学会都沿袭它的名称“academy”。这个词的形容词名词化变形“Academics”是指“学术性”“学院派”，是指

---

① Kurt W. Fischer. A Theory of Cognitive Development: The Control and Construction of Hierarchies of Skills [J]. Psychological Review, 1980, 87(6): 477-531.

与技术性和应用性相对的抽象性、思辨性知识的特征。

“学术能力”一般是指大学教师的研究能力，但随着教师专业发展研究的逐渐深入，中小学教师学术能力的说法也逐渐增多。在已有的研究中，教师学术能力有时是指教师毕业院校和学业成就水平(SAT 分数)代表的素质基础。例如，美国国家教育统计中心长期监测中小学教师的这两项指标，说明选择教师职业的人在劳动力市场中的相对竞争力。① 也有研究将中小学教师的学术能力作为教育科研的能力②，并且将教师科研体制作为教师教学专业水平的保障，这种定义方式是将教师学术能力界定为教育学术能力，这是本书讨论的落脚点。

在西方国家，基础教育中的学术性多指教学内容的选择，更多地指向抽象的非应用性知识。在 20 世纪初期，文法学校和以升学为目标的综合高中，为了和实科中学、职业中学相区别，往往会表明自己是学术性的。从教育目标的角度来看，学术性是指培养的学生具有较高的学术素养，具体强调学生具备批判性思维、创新精神，具有严格的推理和分析问题的能力。在这一点上，学术性和我国社会推崇的创新人才有重合的地方，但是将学术性与创新性等同是不恰当的。归根结底，学术性是以知识的类型作为划分标准的，而创新能力是体现在人身上的一种质疑、变革的能力，学术性教育只是培养人的创新能力的渠道之一。

近年来，关于中小学教师学术性的探讨伴随着教师专业化的呼声而日渐增多，它是教师教育的特殊命题，即教师的学术性和专业性之争。争论源于教师教育中双重学科基础所形成的结构性矛盾，即教师任教科目的学科知识和教育学科知识之间的矛盾。强调教师教育学术性的人，在教师培养中，强调学科知识的比重，具体表现为师范大学培养学生向同类综合大学看齐。

如前所述，我国于 2012 年颁布了中小学教师专业标准，其中涉及专业理念与师德、专业知识和专业能力。专业能力包括：教学设计；教学实施；班级管理与教育活动；教育教学评价；沟通与合作；反思与发展。这与西方学

① 项亚光．当今美国中小学师资力量的变化趋势——基于教师人才库统计数据的分析[J]．比较教育研究，2013(6)：57-60.

② 刘伟民．聚焦西部，关注西部贫困地区教师专业发展——一份关于西部地区六县市中小学教师学术能力的调查[J]．辅导员，2011(9)：5-9.

术界的教师专业能力结构维度基本一致。

在西方学术界，人们一般较少使用“教师学术能力”，而主要使用“教师教学专业能力”。围绕提高教学效果的能力有三个主要的维度①：一是在教学过程中对学生的问题进行有效评价的能力；二是使用教学技术融合教学内容的能力；三是进行反思和专业发展的能力。实际上，教师教育学术能力的三个维度分别指向师生互动能力、教学过程的设计能力和自我发展的能力，这与我国教师专业标准所强调的维度是基本一致的。综上所述，教师的教育学术能力是指教师在教学过程中，能够超越经验，对师生互动、教学过程和专业发展进行研究、设计和解释的能力。

与此同时，“教学同样应是一门学术性的事业”的看法也随着欧内斯特·博耶(Ernest L. Boyer)《学术水平反思》一书的出版而获得越来越多国内教育理论界人士的赞同。② 随着教育观念和教学思想的变化，教师角色正在向一种类似于学生学习的协助者或者伙伴的关系转换，“怎样教”将逐渐被“怎样教学生学会学习和与学生共同学习、探索”所替代③。核心的问题在于教师必须对学生的学习与发展进行符合教育理想的设计。于是，教师的学术性，在学校这一工作场所，主要是指教师研究、探讨“怎样教学生学会学习”的能力。有些学者，如帕基和斯坦福(Parkay F. W. & Stanford B. H.)在《成为一名教师》(*Becoming a Teacher*)一书中，提出教师要具备的基本知识有④：

· 自我与学生的知识(knowledge of self and students)；

· 学科知识(knowledge of subject matter)；

· 教育理论与探究的知识(knowledge of educational theory and research)。

而教师需要具备的基本能力包括：

· 教学技能(teaching skills and techniques)；

· 人际交往技巧(interpersonal skills)。

---

① Leanna M. Archambault & Joshua H. Barnett. Revisiting Technological Pedagogical Content Knowledge: Exploring the TPACK Framework[J]. Computers & Education, 2010, 55(4): 1656-1662.

② 谢安邦．中国师范教育改革发展的理论问题研究[J]．高等教育研究，2001，22(4)：55-59，71.

③ 联合国教科文组织．世界教育报告1998：教师和变革世界中的教学工作[M]．罗进德等译．北京：中国对外翻译出版公司，1998：23，92.

④ Parkay F. W. & Stanford B. H.. Becoming a Teacher[M]. 3th ed. Boston: Allyn and Bacon, 1995: 22.

综上所述，在中小学的场景下认识“学术性”，如果针对学生，则是指用思辨的、抽象的知识来培养学生的质疑、批判和探究的能力；如果针对教师，则是指教师应该具备的与学生学习和成长有关的知识，培养教师的“指导学生学会学习”的能力。

（三）学术性高中

建设学术性高中，是提高教育质量的一种模式。它强调学生的学术素养，强调教师从事教育教学工作的教育学术能力。它是对选拔性应试教育的超越，是将学生的成长本身作为目标的教育，否定用功利性的升学作为界定其特征的指标，更反对使用“拔尖”之类的选拔性特征说明学术性高中的使命。从外显特征上来界定学术性高中，它是指宽松的教育氛围（学术文化），在学校的各个环节中都包含鼓励探索、创新、交流、展示和开放的教育（学术活动），是对教育教学过程的学术性分析和对学生的科学评价（学术能力），是培育学生学术素养的学校。从构成成分上来看，它是学术导向的学校文化、制度、活动和资源建设的统一。

学术性高中在学校管理中体现着学术管理的色彩。学术管理是和行政管理相比较而言的一个概念，是适应教师和学生学术行为的一种不同于行政管理的管理形式，学术权力的存在方式、权力性质、权力关系和权力运行机制与行政管理都不同。学术管理的概念能够帮助我们很好地理解学校组织方式的变革。①

（四）学习力

“学习力”是学习型组织管理理论中的核心理念，最早来源于彼德·圣吉（Peter Senge）的导师——美国弗瑞斯特 1965 年发表的一篇文章。因此，学习力最初是个管理学的概念，是组织充分开发成员创造性的学习力，使之获得新的思维和行为，推动企业适应社会变化需要的能力。它强调学习的结果是思维和行为，而不是学习知识和掌握知识。

这一概念出现后，就开始逐渐迁移到教育领域。② 它可以运用到学校内部教师组织建设中，这实际上仍然是在管理学层次上讨论问题，只不过将企业

① 别敦荣．学术管理、学术权力等概念释义[J]．清华大学教育研究，2000(2)：44-47.

② 瞿静．论学习力理念从管理学向教育学领域的迁移[J]．教育与职业，2008(3)：64-66.

组织改变为教师组织。但是，这一概念在教育领域被运用于学生的学习过程，是指以听、说、读、写等渠道获得知识技能的学习为基础，以实践、体验、反思、环境影响等途径进行的学习为提升，达到产生新思维、新行为的学习效果。

（五）干中学

美国经济学家阿罗（Kenneth J. Arrow）在其《干中学的经济学含义》一文中，强调了在“干中学”所获得的工作经验对生产率提升的正向影响。

在他提出的模型中，阿罗认为通过重复解决相同问题的“干中学”也要受到收益递减的约束。由此，为了取得递增的“干中学”效果，就必须不断增加刺激，并且这种刺激不能是简单的工作任务重复。① 这一模型迁移到教育领域，主要是用于分析教师的重复性教学活动对教师工作效率的影响，以及教师不断研究和尝试解决不同的问题对于提高教学质量和教师工作效率的作用。

（六）素养导向的学习方式

我国目前的课程标准集中体现了人们对学业质量的要求，总体上呈现出从关注知识技能走向关注核心素养的发展趋势。综合各国、各地区的经验，所谓学科核心素养，是指通过学习某学科的知识与技能、思想与方法而习得的重要观念、关键能力与必备品格。② 在这种思路中，学科核心素养起着桥梁的作用，需要对课程内容进行有效的编码和组织。例如，物理学是一门实验学科，物理学的学科素养是指在自然界中发现值得关注的现象，并能够抽象成为研究问题，针对问题提出假设，设计合适的实验环境去验证假设的思维方式。素养导向的学习方式主要立足于对课程内容的选择、教学过程的组织，让学生体会观察、提出问题、猜想和实验验证的过程；是关注学生的思维培养，而不是单纯地使学生掌握知识的学习方式。

素养导向的学习方式不同于探究式学习方式，后者又被称为研究性学习。研究性学习是指教师从学科领域或现实生活中选择和确立主题，在教学中创

---

① Kenneth J. Arrow. The Economic Implications of Learning by Doing[J]. The Review of Economic Studies，1962，29(3)：155-173.

② 邵朝友，周文叶，崔允漷．基于核心素养的课程标准研制：国际经验与启示[J]．全球教育展望，2015(8)：14-22，30.

设类似于学术研究的情境，让学生通过独立自主地发现问题、实验、操作、调查、收集与处理信息、表达与交流等探索活动，获得知识，培养能力，发展情感与态度，特别是发展探索精神与创新能力；它倡导学生的主动参与。素养导向的学习与探究式学习有共同之处，都强调一种积极的学习过程，但根本的差异在于素养导向的学习是对课程内容的编码和组织，而研究性学习的内容并不重要，关键是学生发现的过程，特别是学生在科学课中自己探索问题的学习方式。

以上六个核心概念分别涉及学生的培养目标、教师教育学术能力及其形成的途径，也涉及学术性高中的组织形态等。这六个核心概念基本反映了普通高中课程改革对目标、途径和组织架构的要求。

二、理论基础

本研究的目的是讨论如何培养学生的学术素养，进而在此前提下讨论如何提升教师队伍质量，提高教师教育学术能力，保证教师能够完成培养学生学术素养的目标。为此，本研究引入了“学习力”理论。“学习力”理论是学习型组织建设的核心概念，最初是管理学理论，逐渐迁移到教育领域，成为指导教师组织建设和培养学生终身学习能力的基础理论。

（一）“学习力”理论

“学习力”理论是学习型组织建设的核心理论。它提出的基本背景是一些企业发展到一定程度后会陷入一种停滞的状态。“学习力”理论的设计思想是希望借助组织来掌握知识，最终运用知识改变工作和生活状态，帮助组织从沉陷的境况中走出来。“学习力”体现为超出停滞状态的能力。为了体现这种“力”的属性，一些学者还用物理学中“力”的属性来描述它，即力的大小、方向和着力点①。

目前，“学习力”理论的内容要素已经从物理学走向心理学，从对“学习力”要素的关注走向对学习者个人和组织的心理状态的关注。“学习力”的定义方式也从施加力的着眼点和引起的变化，转变为个人和组织学习的态度、方

① 瞿静．论学习力理念从管理学向教育学领域的迁移[J]．教育与职业，2008(3)：64-68.

法和技术，即通过实践、体验、反思、环境影响等途径，达到产生新思维、新行为的动力系统。

在逐渐从管理学走向教育学的过程中，“学习力”概念的内涵也发生了变化。受终身学习思想的影响，“学习力”已经从企业内部通过学习超越停滞状态的方式，转变为不断超越自己，持续实践、体验、反思和变革的能力，从组织逐渐扩大到学生的终身学习的愿望，以及相应的学习方法和技术。

由此可知，“学习力”理论在从管理学迁移到教育学的过程中，重点已经发生了变化，从对学习型组织构建的关注转向对学习过程中学生和其他个体所具有的学习态度、方法和技术的关注。这使我们认识到我国当前教育教学改革的实质不是要使学生掌握更多的知识，而是要激发学生学习的动机，使学生掌握学习的方法和技术。

（二）“干中学”理论

“干中学”理论源自阿罗提出的“干中学”。1962 年，阿罗发表了著名的《干中学的经济学含义》。他指出，学习必须发生在试图解决问题的实际行动之中。这就强调了发生在实际工作中的经验，即“干中学”，对学习方式的影响。当时主要用于解释 20 世纪 60 年代以来发达国家进入经济快速增长阶段后，人们对人力资本投资、形成途径更多样和深刻的认识。

后续的研究不断丰富对“干中学”方式积累人力资本的认识。这些研究认为，通过学校教育形成的教育人力资本与通过“干中学”形成的经验型人力资本之间需要有一个合适的比例，这一比例被称为“经验的人力资本强度”(human capital intensity of experience)。这一比例过小会造成对经验型人力资本的低回报，从而使得人们更乐意投资于学校教育而非从事工作。

“干中学”在教育学中的应用主要是职业教育和教师在职学习，它提出了教师在职学习的重要意义。但是，“干中学”理论不仅强调重复性，还指出了现代人必须学会一种生活方式，即在时间约束下，对学习、工作与闲暇之间的时间分配进行决策。在这个意义上，“干中学”的教育学意义不仅仅针对教师在职学习，它还意味着学生需要参加各种活动和工作，学会在真实的世界中平衡各种时间分配，管理好自己的时间，学会终身学习的时间分配。社会实践、实习、旅行等作为学校非学科课程的组成部分，其意义不仅仅是德育方面的，还包括非学科学习方式的演练，以及学习力培养方面的意义。

（三）自组织理论

自组织现象首先出现在自然科学领域，是指“无需外界特定指令而能自行组织、自行创生、自行演化，能够自主地从无序走向有序，形成有结构的系统”①。后来，由于信息技术行业的兴起，创新思维所需要的平等、轻松、随意改变了企业刻板和等级制的企业文化，自组织理论也因而进入管理学，成为创新型组织管理的模板和特征。

以小威廉姆·E. 多尔的《后现代课程观》为代表，人们将自组织理论作为后现代课程观的理论基础，用以说明课程目标、课程内容是在教师和学生共同作用基础上的生成性特征；认为后现代课程观否认设定固定目标和按照步骤去达成的机械课程观。② 这标志着自组织理论开始影响教育界。

自组织理论对学校的影响包括两个层面。第一个层面是教师创新机制。教师在课程和教学领域中的创新和信息技术业的创新一样，都需要有别于科层制下的行为模式，使课程权力从旧范式中的纵深型走向扁平化，对学校课程的领导逐渐从科层制中的“官僚—控制”式走向“反思—自主”式。③ 学校课程为学校改进管理方式提供了契机。学校需要引入课程领导共同体的模式，在学校内部建立任务小组、专业管理和协商组织。第二个层面是改善学校课程，培养学生的创新能力。这就是小威廉姆·E. 多尔的课程观，强调课程的生成性，超越固定目标、固定过程的机械课程观，强调课程的生成性特征。这时，走班制、兴趣小组、主题活动……都体现了和原来的班级授课制完全不同的学生学习中的自组织行为。

以上三个理论基础实际上解决了课题研究中的目标、途径和机制问题，不仅针对教师的创新行为，而且包含学生学术素养的培养。本课题研究有两个相互连接的轨道，即培养学生的学术素养，提高教师的教育学术能力。对于学生来说，以上理论提供了对培养目标的思考，即培养学生终身学习的能力，激发学生学习的动机，促使学生掌握学习的方法和技术；培养途径则是

---

① 蔡铁权．后现代课程观和创新思维的自组织理论基础[J]. 全球教育展望，2002，31(6)：42-47.

② [美]小威廉姆·E. 多尔．后现代课程观[M]. 王红宇译．北京：教育科学出版社，2000.

③ 靳玉乐，董小平．论学校课程领导的范式转型[J]. 教育理论与实践，2007(7)：44-48.

在多样化的课程和多类型的活动中实现“干中学”；培养机制则是通过具有后现代特征的课程体系，通过打破班级授课制的固定模式，让学生根据学习目的和内容而组合在一起，在多样化的组织和学习行为中，培育学校内的创新氛围。对于教师来说，以上理论同样提出，教师终身学习能力不表现为知识存量的多少，而更多地表现为在生活中具有持续的学习动机、方法和技术；教师的“干中学”更是直接的理论启示，与我们以往理解所不同的是，“干中学”还强调将时间管理的能力作为“干中学”的内容，即在工作、娱乐和闲暇、发展之间寻找一个平衡决策的能力。而自组织行为直接指向学校的层级制行政管理体制，创新在愿景感召下的教师组织的发展，校长和行政体系仅仅是学校共同体中的一个组成部分。

第二节　研究设计

一、研究设计

本研究是一项实践导向的研究。虽然实施过程复杂、艰难，但总体逻辑非常简单。围绕培养学生学术素养、提高教师教育学术能力两个根本目标来研究以下问题：对现有的课程、教学以及教师专业发展活动进行怎样的改革和重构，才能有效地实现以上两个目标？为了保证学术性高中的实践探索能够有效实施，学校的资源配置、平台建设和管理机制需要进行怎样的改造？

（一）研究假设

本研究从培养终身学习能力的视角，以一所普通高中的教与学的内容、活动为立足点，研究培养学生学术素养和提高教师教育学术能力的模式。本研究接受以下判断：第一，学术素养并不是只有拔尖人才才具有的品质，借助合适的教学过程和教学内容，普通学生一样可以获得学术素养。第二，教师的教育学术能力无法通过简单的学历提升来完成，需要采用“干中学”的工作方式，这对教师在教学过程中的组织和管理形态提出了新的要求。根据这两个基本判断，我们提出以下研究假设。

研究假设一：学术素养的培养是适合所有学生的，设计合适的内容和教学过程，能够广泛提高学生的认知能力、探究能力和学习兴趣。

如果以学科内容的掌握为目标，那么完成教材所设定的教学内容就构成了首要目标。为了完成这一目标，最有效的方式是记忆和反复练习，但这样学生的学习过程就被忽视和压缩了。

本研究假设认为，知识和能力不是非此即彼的关系，通过合理设计教学过程，选择合适的内容，学生的思考过程能够得到有效激发；通过不同渠道，形成具有结构的学术素养。具体来说，学术素养的第一层次是学生的认知能力(cognitive capability)；学术素养的第二层次是在认知基础上进行创造和探索的能力；学术素养的第三层次，是学习兴趣和学习动机。这些不同层次素养的构成需要通过途径和不同的方法来培养，这就有了研究假设二。

研究假设二：中小学教师提高教育学术能力的途径，除教师接受的学校教育以及"干中学"积累的工作经验外，还需要通过参与教育改革、教学科研等形式快速积累创新型人力资本，这是学历提升和在职培训等方式无法替代的。

我国《小学教师专业标准(试行)》和《中学教师专业标准(试行)》已经明确了教师工作专业性的表现，这有助于指导教师在工作中不断发展自己的专业能力。然而，通过何种途径实现教师专业能力的提高？在不同阶段，提高教师队伍质量的方式也在不断变化。20 世纪 80 年代，教师队伍建设的核心是补充合格教师，解决教师短缺问题，而后转变为教师队伍学历水平的高低、工作经验的多少等。近年来，伴随着教育教学改革的深化，改革与创新已经成为主要的知识积累方式，教师的教育学术能力也就转变为参与课程改革的意愿与能力。

研究假设三：为了提高学生的学术素养，促进和支持教师提升教育学术能力，学术性高中的建设一定会重构其内部的课程管理和教师组织建设，体现学术管理的需要，这些能够促进学校内部学术管理机制的变化。

按照美国经济学家科斯的说法，组织之所以存在是由于专业知识的分工。在一般的学校中，专业知识以学科的形式存在。因此，学科知识实际上是拼接在一起的，彼此并没有融合。随着课程改革的深入，教师越来越需要关注学生的学习过程，这就需要教师拥有教育学术知识与学科知识相结合的研发管理能力。这可以被称为“课程领导力”，但这不是校长个人的领导力，而是学校组织应该具有的领导和管理教师专业组织，进行教育学术探讨和研发的能力。

组织创新能够通过两种途径实现——在学校内部产生和借助社会资源产生，二者对应着渐进性创新和熊彼特式创新这两种不同的创新模式。教师组织知识的积累需要有一个知识共享的内核，并通过自主设计组织计划，让组织工作持续性地推进。这实际上呈现的是“智慧雪球”的运作机制，将教师自主制订组织计划的机制比作让雪球持续滚动的动力。这样，雪球越滚越大的过程，实际上就是教师通过组织计划使知识积累越来越多的过程，也就是人力资本逐渐提升的过程。

（二）研究方法与概念框架

本课题的实施按照“目标—活动—组织—评价（制度）”的逻辑推进。具体来说，学术性高中的建设目标要通过教师和学生的活动加以实施。在教师端，通过学科组和年级组开展课程、活动和教学方式改革；在学生端，课堂内外、学校内外，学习方式和学习过程要更多地体现研究和思考。在这个过程中，需要学校建立交流平台和活动机制，保证活动沿着课题目标设定的方向实施。当然，学校平台建设和工作机制运转都需要相应的管理制度来加以保证。

学术性高中建设总体概念图的设计如图 1-1 所示。

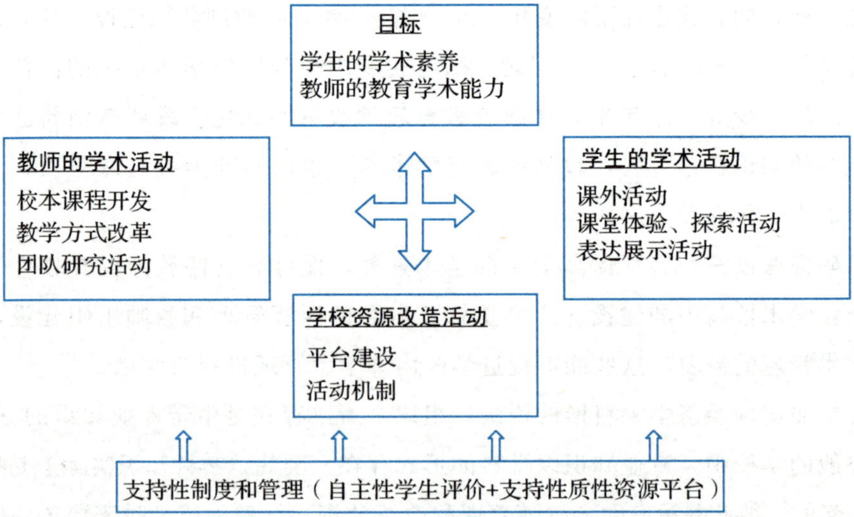

图 1-1　学术性高中建设总体概念图

为了验证以上三个研究假设，本研究采用了混合研究的方法。通过分析学术性高中建设的育人目标，设计包括相应的课程、活动和教学方式在内的学术性高中建设方案，经过三年的实施，通过实验法测量学生的认知能力、探究能力和学习兴趣是否发生了变化，以验证假设一是否正确；通过质性研究方法，解读教师在学校课程改革中的行为与人力资本积累的关系，探索假设二是否成立；通过案例观察研究，发现学校内教师专业组织建设和运行机制的要件和制度基础。

本研究之所以使用混合研究方法主要是由探讨问题的性质所决定的。对学术性高中建设的整体方案有效性的评价，需要在学生学术素养的变化中得以确立。然而，在教师队伍人力资本通过“干中学”和创新改革进行积累的新阶段，这种类型的人力资本的性质、作用途径和积累机制还没有获得普遍的认知，也还没有找到合理的代理指标。因此，尽管可以从理论层面证明教师课程和教学创新的意义，但对于微观场景下教师如何通过创新积累这一异质性人力资本以及制度环境影响积累过程，却无法通过数据进行揭示。质性研究深入田野进行研究的方式却恰恰能够为本研究提供微观场景信息。这种混合方法也能够通过资料分析，获得微观场景下更为丰富的细节，也更加符合普通中学进行理论探索的方式；对现实场景中教师参与教学改革科研等工作形式创新的情况进行了描述，发现工作场所中的微观创新及其对于教师专业组织建设的意义；并对不同环境下教师参与和教师专业组织的演进的制度意义进行了探索。

（三）技术路线

整个研究分为两部分。

第一部分以教师的创新活动为研究对象，分析教师在“干中学”过程中的知识和技能需要、知识寻找、学习过程和反思；分析教师在“干中学”过程中的学术管理架构以及学术组织内部治理结构。

对于教师如何将接受过的教育转化为工作岗位所需要的专业能力，到目前为止，并没有研究出清晰的图景。本研究试图通过对学校生产的微观机制的讨论，寻找教师通过学校工作实践将接受过的教育转化为现实教育生产力的途径。一些较为发达地区的学校，已经展开了一系列课程改革、班主任专业化以及家校合作等教育创新，这些教育生产领域的创新到目前为止还是学校个体零散的努力。因此，通过质性研究对案例中学的教学创新进行讨论，希望可以从中找出教师专业能力提升的微观途径，回答两个主要的研究问题。

第一，定量研究部分已经证实，教师参与科研、教学改革等创新的工作形式是新阶段提升教师队伍人力资本的新途径，那么在学校现实场景中，教师参与这些创新工作形式真的能够带来专业能力的提升吗？提升的表现是什么？教师专业组织建设在其中发挥怎样的作用？作用机制是什么？

第二，如果上述问题能够被证实，那么这种改革能够带来怎样的制度意义？

第二部分以学生为研究对象，分析引入学术性高中建设后，育人目标的设计和实际状况；分析学生实际的认知特征、态度和方法；分析学生在不同学习方式中学术素养架构的不同方式，以及学生在不同学习活动中的自组织方式。

对于学生学术素养的结构，到目前为止并没有研究出清晰的图景。一些国际大型测试项目，通过结构化的测试提出学生的学术素养结构，并且通过不同类型的背景变量，探索学术素养结构与个体特征、学校特征和教师特征的关系。这种大型数据库的支持可以从总量上揭示学生的学术素养结构特征，但是它无法揭示学生学术素养转变的微观机制，也就不能为寻找学校有效教学的途径提供研究基础。因此，通过质性研究对案例中学的教学创新进行讨论，希望可以从中找出学生学术素养提升的微观途径，回答三个主要的研究问题。

第一，通过调查发现学生所呈现的对学习方法、学习态度和社会关系的认知与学者基于概念判断基础上的认识，以及与其他调查发现的结果是否一致？用学习力和学术素养的概念去分析，可以得出什么结论？

第二，通过观察发现在具体的特色课程学习或者参与活动课程中，学生的学术素养会发生怎么样的变化？多样化的学习方式是否真的能够带来学术素养的提升？提升的表现是什么？提升的机制是什么？

第三，仍然是制度意义的探索。如果以上对学生学术素养的探索和课程改革试验能够被证实有助于学生学术素养的提高，那么在学术性高中建设的努力中会产生怎样的制度意义？

本研究设计两条技术路线去探索以上几个方面的问题。第一条路线是教师教育学术能力的培养。为了克服组织学习的技术难题，建立发展性教研计划，用计划将教师的个体学习行为集结为组织学习行为。

图 1-2 绘制了在学术性高中建设中学校针对组织学习的技术难题所提出的技术方案。发展性教研计划解决了将教师个体学习行为集结为组织学习的问题，解决了组织学习与个体学习之间的关系。优选成果常规化(organizational routines)解决了学习成果以创新成果形式存在，可展示，可欣赏，但落实到日常教学工作中途径不畅的问题。

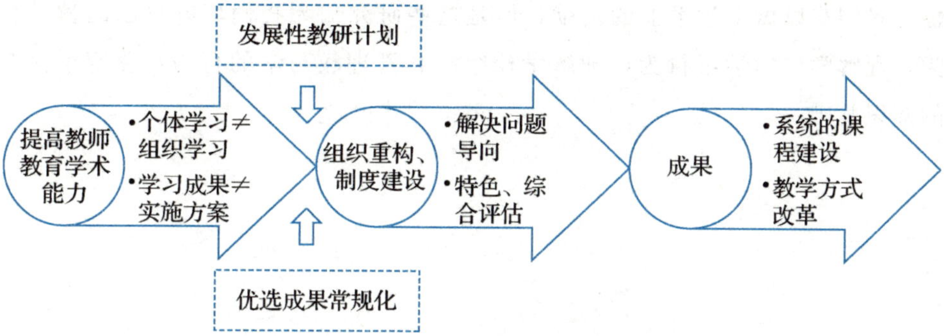

图 1-2　教师教育学术能力提升的技术路线

这两个技术方案必然涉及学校组织重构和制度建设问题。因此，学术委员会的建立和运转以及特色活动评估、学生综合素质评价，就成为监测和管理实施过程的主要保障。第二条技术路线是学生学术素养的培养，如图 1-3 所示。

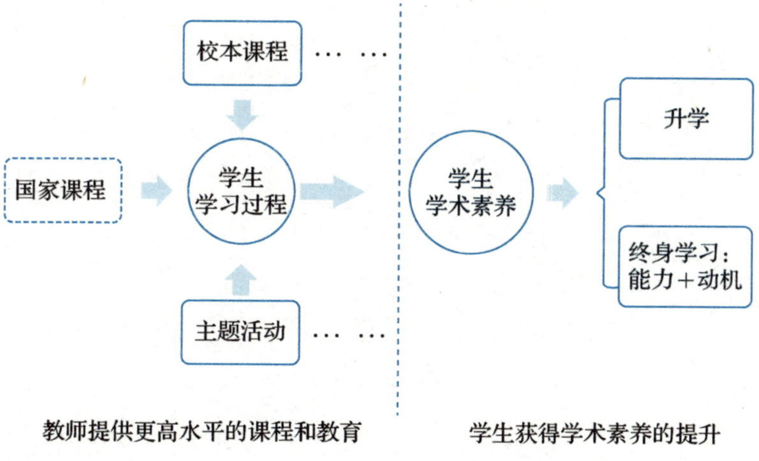

图 1-3　学生学术素养培养的技术路线

除了国家课程以外，学校在内容上增加了校本课程、主题活动，在途径上由教师提供高水平的课程和教学，改变学生的学习过程，提高学生的学术素养，不仅帮助学生升学，更重要的是培养学生终身学习的能力和动机。

教师的教学以及学校对教学行为的组织和管理，是每个教育者都熟悉的内容，但往往也会成为盲区。作为一所普通高中的教师，我们的学术研究能力比较薄弱，但是对熟悉的、职业生涯中一直从事的工作——教与学，却具有非常强烈的探究欲望，我们要去理解人类这一迄今为止最复杂的社会行为。也许我们难以做出学术上的贡献，但是这些研究却为我们理解自己的教学行为，理解学生的学习行为，理解学校组织和管理教与学的行为，奠定了深厚的知识基础。

第二章　学术性高中的建设目标

DIERZHANG　XUESHUXING GAOZHONG DE JIANSHE MUBIAO

中国公共教育步入规范发展的道路实际上始于1978年后教育秩序的恢复。我国基础教育的发展经历了从改革开放初期以“赶超式”的、不平衡发展的模式培养人才，到后来以素质教育来改变“应试教育”，再到现在关于学生核心素养的教育改革目标的巨大改变，应该说我们的教育目标越来越明确。

但是，所有基础教育的、一般意义上的育人目标都需要与教育场景结合，才能更有针对性，也更能够体现学校的个性化特征。因此，学校有必要在国家育人目标的概念框架下，根据本校的情况，提出更加具体的目标。

关于育人目标，可以在不同层次上进行思考。在哲学层次上回答这个问题，需要按照伦理、审美和知识的结构展开，需要对人类千年来积累的、深厚的理论基础进行思辨，但这显然不是一所高中的探索应该回答的问题。对于高中来说，学术性高中应该在什么范围内、什么程度上厘清育人目标呢?

第一节　育人目标确定的三个维度

学校育人目标的确立过程是在已定的结构和概念框架下，不断立足学校具体工作场景，加以具体化和特色化的过程。

这样的场景化过程是非常有必要的。国家提出育人目标，并不是为了文字和修辞上的“美”和“自我满足”，它需要得到落实。这个落实的过程，既需要国家统一课程和教学标准，统一教学秩序，这是“基准化”的过程；也需要学校立足自己所处的学段，依据自己学校的使命和历史，落实国家育人目标，这是“特色化”的过程。“统一”和“特色”应该成为学校在整个教育体系中认定自己的角色和使命的战略方向。

一、育人目标的结构

育人目标是理解学术性高中内涵的出发点，因此，厘清育人目标的范畴，是保证正确而全面界定学术性高中内涵的前提。

育人目标的结构一般包括身体目标、情感目标、认知目标三个维度，涵盖了我国德、智、体、美、劳全面发展的各个方面。今天，知识经济社会对于人的核心素养的要求也体现在以上三个维度的培养目标中。但是，落实到学校的场景中，我们发现学校在培育学生的身体、情感和认知方面发挥着不同的作用；在各个维度的发展中，扮演着不同的角色。

在学生的身体、情感发展中，学校发挥着重要作用，但是家庭的作用更为重要。身体健康、热爱运动、具有良好的运动技能和习惯，是学生全面发展的基础，也是我校培养学生的优先点。健康的情感包括处理个人心理冲突和张力的能力，即“悦己”，也包括友好地与他人相处并处理人际冲突的能力，即“悦人”，还包括正确地处理自己与社会价值观、社会秩序间的关系，即社会适应性。在学校场景中，以上三个维度的健康人格和社会性发展，并不是学校的根本功能，而是学生个人、家庭、学校、社会共同作用的结果，学校只是影响人的培养的因素之一。

相对于身体和情感，认知培养目标与学校密切相关，学校教育发挥着核心作用，家庭处于从属的地位。思维方式、知识基础、探究和好奇以及科学素养等都是认知目标所涵盖的内容。在今天知识经济的背景下，一些认知品质得到了格外的强调，这些认知品质包括对问题的敏感性、提出问题的能力以及跨界思考和表达的能力，因此，也成为学校育人目标中认知目标的组成部分。

不可否认，身体、情感的发展对学生认知发展有显著的正面影响。许多研究表明，学生的健康状况对于学习成绩有显著的正向作用，这也是国家在贫困地区实施免费早餐计划、免费午餐计划的原因。一项在甘肃省农村地区开展的社会调查显示，10～14 岁这一年龄段学生的营养不良是比较突出的问题。小学生的健康状况对其学习成绩有显著的正面影响，改善这些学生的健康状况对于健康状况较差的学生提高学习成绩的作用更大①。体育锻炼对于学生情感发展的重要性，更是一个显而易见的规律。体育锻炼对于学生提高毅力、坚持力和减少抑郁都有明显的效果②。学生的情感发展，尤其是社会情感的发展，对于学生认知成绩的影响，更是心理学研究的热点话题。无论是学生自我认知、认同还是自律，或者是学生的社会性情感，如同伴关系和师生关系，都对学生认知成绩产生显著影响。美国学者对学生社会性情感的重要性给出了无以复加的评论，指出“成年期的适应能力在童年期最好的表现不是智商也不是学习成绩，而是儿童能够适当地与其他人相处。那些通常不被喜欢的、有攻击性的和破坏性的、不能与他人维持亲密关系的儿童会处在‘危险’中”③。

以上复杂的关于身体、情感和认知之间的关系表明，尽管学校被认定或者学校自我认定，相对于家庭和社会，学校在学生认知发展方面发挥着不可替代的作用，但是学校的育人目标应该立足学生的认知发展，寻找对全面目标的支撑，而不是仅仅从认知方面界定自己的使命。

二、普通高中育人目标

关于育人目标，我国在十八大报告中提出的教育方针是坚持教育为社会主义现代化建设服务、为人民服务，把立德树人作为教育的根本任务，全面实施素质教育，培养德智体美全面发展的社会主义建设者和接班人，努力办好人民满意的教育。关于育人目标的陈述，秉承一直以来的方向，即全面发展的社会主义建设者和接班人。

在学术界，非常有影响力的教育哲学著作是英国教育学者艾尔弗雷德·诺思·怀特海(Alfred North Whitehead)的《教育的目的》。他站在20世纪科学和技术大发展的时代，感受到工具性对人的本性的侵蚀。他指出，“学生是

① 李芸．小学生健康状况对学习成绩的影响分析——来自西部贫困农村的证据[J]．农业技术经济，2009(5)：56-66.

② 殷恒婵，傅雪林．对体育锻炼心理健康效应研究的分析与展望[J]．体育科学，2004，24(6)：37-39.

③ [美]马乔里·J. 克斯特尔尼克等．儿童社会性发展指南——理论到实践[M]．邹晓燕等译．北京：人民教育出版社，2009.

有血有肉的人，教育的目的是为了激发和引导他们的自我发展之路。”①学术界的哲学思考体现了人本主义的思想。

学校的育人目标，首先是与国家教育方针、规划纲要的方向相一致的，同时体现了学校的历史和人才价值观。国家层面上对育人目标的讨论，是一般意义上的讨论，不仅包括学校教育，还包括非正式教育，是指导学校教育教学工作的价值基础。与此同时，在不同的场景中，育人目标强调的重点有所不同。在学生学习知识方面，育人目标具体化为学习能力和学习兴趣；在价值和道德方面，育人目标具体化为人格特质与学习中显现出的部分品质。

国家关于普通高中的育人目标，在与国家教育方针一致的同时，也体现了普通高中这一特殊学段的特征和功能，关键素质要求也要与时俱进。普通高中教育应全面落实《基础教育课程改革纲要（试行）》所确定的培养目标，使学生逐步形成正确的世界观、人生观、价值观，为培养德智体美全面发展的社会主义建设者和接班人奠定基础。在高中阶段尤其强调：

第一，热爱社会主义祖国，自觉维护国家尊严和利益，继承中华民族的优秀传统，弘扬民族精神，有为民族振兴和社会进步做贡献的强烈愿望。

第二，具有民主与法制意识，遵守国家法律和社会公德，维护社会正义，自觉行使公民的权利，履行公民的义务，对自己的行为负责，并具有强烈的社会责任感。

第三，具有终身学习的愿望和能力，掌握适应时代发展需要的基础知识和基本技能，形成收集、判断和处理信息的能力，具有基本的科学与人文素养、环境意识，以及初步的创新精神与实践能力。

第四，具有强健的体魄、顽强的意志，形成积极健康的生活方式和审美情趣，具有独立生活的能力，初步的职业意识、创业精神和人生规划能力。

第五，正确认识自己，尊重他人，学会交流与合作，具有团队精神，理解文化的多样性，具有初步的国际视野和参与国际交往的能力。

在全面发展的概念框架下，普通高中的育人目标已经体现了基础教育最后学段的特点，强调学生终身学习的愿望和能力；体现了公民性要求，对国

---

① ［英］怀特海．教育的目的［M］．庄莲平，王立中译．上海：文汇出版社，2012.

家和民主法治社会的尊重和融入；体现了人与社会的关系，职业意识、生活方式以及合作能力、国际视野等。

以上只是一般性的育人目标，它提出了一个概念框架，但学校无法完成所有的育人目标，也不能在所有方面都均衡“用力”。一个学校需要有自己的特色，也要体现一个阶段的优先战略。超越一般的育人目标，添加学校的具体场景，是我校无法脱离历史而受到的“约束”；“平等”地对待每个学生，是北京市第一所公立高中留给我们的“基因”；以终身的眼光看待学生的发展，培养学生终身学习的能力，是过去“学习型学校”建设带给我们的独特视野。因此，立足当今知识经济社会对人的要求，我校形成了以培养终身学习者为目标的育人目标体系，如图 2-1 所示。

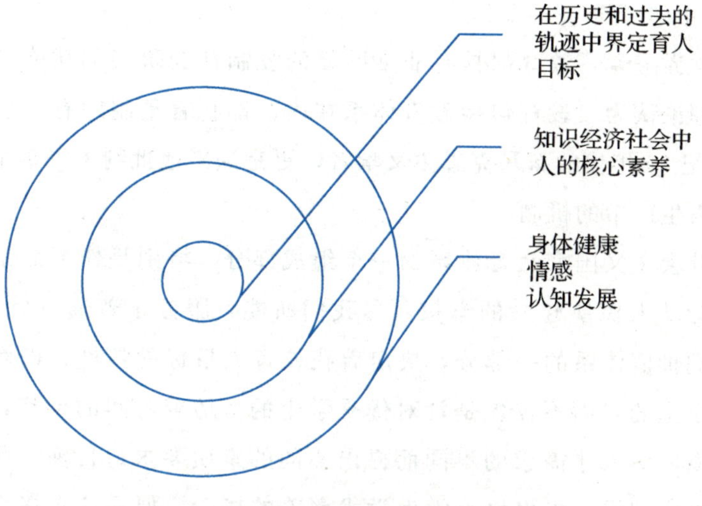

图 2-1　学校育人目标形成的知识来源

人的全面发展提供了学校育人目标的结构，从身体、情感和认知三个方面界定了育人目标的框架。学校在学生认知发展方面占据不可替代的地位。因此，在育人目标中，认知目标是核心要素，学校需要立足认知目标，支撑学生的身体、情感的教育。

如果说三维结构提供了育人目标展开的横向视阈，那么知识经济时代对于人的核心素养的要求，则提供了时代演变的视阈，是时代对人的素养要求的纵向展开。在横向、纵向铺展出来的坐标系中，我校寻找着自己的位置。

三、我校的育人目标

北京市第十一中学是一所北京市示范性普通高中，创办于1950年9月，从北京市人民政府建立的第一所公立完全中学，发展到崇文区(2010年7月与东城区合并)重点中学、北京市高中示范校；从立足于南城，为解决南城劳动人民子女上学问题的平民学校，发展到一个拥有先进的办学理念、现代化的教学设施、优良的师资队伍的北京市学习型学校创建先进单位，学校始终都在时代的浪潮中思考着发展与创新。学校从创办之初，就蕴含着对学生成长的期许，期望学生在身心、国内和国际、个人和社会之间获得平衡，全面发展。

（一）历史痕迹——平等

从全世界来看，教育都具有非常明显的复制社会阶层的功能。马克思主义的经典理论认为，教育包括教育体系在内，都起着复制原有社会关系的作用。20世纪60年代的新马克思主义学者，更是深刻地批判了资本主义教育体系在阶层再生产中的机制。

作为社会主义国家教育体系的一个组成部分，特别是作为北京市人民政府为南城劳动人民所建立的学校，尽我们所能，服务于普通百姓的下一代，始终是我们价值体系的一部分，决定着我校育人目标的特性，即育人目标是针对每个学生的，而不仅仅是针对优秀学生的。随着时间的推移，我校根据经济社会发展对人才需求的不同而提出不同的素质要求。目前，我校正在进行学术性高中建设，提出培养学生学术素养的概念，但是这个概念并不是精英教育概念下的学术素养，而是适合21世纪社会发展的、终身学习的能力和愿望，最重要的是适用于所有学生的培养目标。

（二）奋斗足迹——学习

进入21世纪以后，北京市第十一中学开始了建设学习型学校的征程，也逐渐成为北京市学习型学校的引领者。学校积淀了浓厚的学习文化，形成了“以学习型学校办学模式培育终身学习者”的办学目标，提出了“学习无限，发展无限”的核心价值观，充分表明了学校的人才观、质量观、学生观。在现代社会中，我们培养的人才是始终对世界保持一颗好奇的心，具有探索、尝试的精神，不断追求丰富自己，具有优秀的学习品质和学习动机的人。

在这个过程中，我们不断被人问及："学校就是学习的地方，学习型学校有着怎样的内涵?"或者用更加直白的话问我们："学习型学校的学习有什么不同之处?"学习型学校建设的过程让我们认识到许多人包括我们教育工作者，对学习的认识还多停留在行为层面，缺乏从学习的内容、动机和学习方式上进行探索的视野。这促使我们在更深的层次上去研究学习。

我们崇尚学习，更崇尚对学习的研究，对学习动机的激发。过去十多年来的学校发展历程给学校留下了浓厚的学习文化。在确定学校的育人目标的过程中，学习无疑是其中一个重要组成部分。

（三）路径选择——组织学习

课程与教学改革的实施需要教师们不断学习、不断创新，以适应新的教育转型的需求。2012 年，教育部发布的中、小、幼教师专业标准对教师的专业发展提出了新的要求。从重视知识和学历的提高，转向致力于提升教师专业能力的探索，基于课堂教学展开的科研、课程改革等活动，这些微观探索大多都具有熊彼特所言的创新特征。

然而，这些微观层面的创新行为却往往遭遇制度困境。一是教师的课程创新或改革与现有的学校、教师、学生评价指标体系相背离，在课堂时间既定的约束下，使用传统教学方式似乎更能提升学生的成绩；二是具有创新形式的教师科研、课程改革总是呈现"碎片化"的状态，难以系统化地整合到常规的工作中，难以成为日常工作的一部分。从国际文献中可以看出，前一个制度困境来源于与公共教育体系相伴而生的官僚体系和科层制度，后者来源于创新与原有体系相融合的技术难题，这些都不是中国特色的问题，而是教师队伍整体提升必须克服的组织和制度障碍。

之前，很多学校都进行过学习型组织的建设，但大多停留在对教师个体学习行为的感知上，停留在口号和感召层面上，组织内部的权利配置、共同管理、组织的知识论都尚未进入人们的理论视野。我校作为北京市学习型组织建设先进单位，对于学习型学校建设有两个主要的结论。

第一，学校的学习不是教师学习行为的叠加，而是以制度和组织为中介积累的集体智慧。站在人力资本的角度，研究关注"工作场所的学习"形成的专业化知识和技能对于教师教学的意义，一般将工作场所的组织和制度作为中介变量，研究企业和组织中"集体学习"得以产生的条件，关注组织学习行为与科层制度、绩效评估、决策模式之间的关系①。组织的学习机制和动态能力是否能够建立成为20世纪80年代后持续的研究热点。目前，已经涉及组织中知识论的研究②。组织学习行为扩大了学习研究的视阈，使我们意识到创新和生产率不断进步并不是单个人所能够决定的，组织行为绝不是个体的叠加。

第二，学校的学习不是简单的在职学习，而是以解决问题为导向的学习。在职学习表征的是与职前教育相对的学习行为，并未界定学习行为的目标和内容，可以是学历学习，也可以是和工作完全无关的一般素养学习。"学习型学校中的学习"强调的是伴随着解决工作场所中的问题而发生的学习。"学"强调的是在以往人力资本存量的基础上，形成结构化的新知识与新技能的过程，而这类新知识、新技能具有边际收益递增特征。

以解决问题为目的的"工作场所的学习"，与终身学习的主张、教师专业发展的主张，甚至校本教研的主张基本一致；所不同的是，"工作场所的学习"不是根据经验和问题提出的对策和建议，而是建立在人力资本边际收益递增概念上的，不仅仅提出了行为层面上的主张，而且和以往的人类知识体系联系在一起，发展了对人力资本属性的认识。

为了促进教师的学习，我国也经历了大规模的教师培训，经历了对教师培训和教师教育的反思，目前逐渐过渡到校本培训。然而，对集体学习的研究却揭示了组织学习与个体学习完全不同的机制。学校的集体学习和集体智慧的积累，需要对学校和教师存在的制度环境以及学校内部的组织架构进行研究，以释放和激发教师专业化人力资本形成的组织基础和制度环境。

---

① Chris Argyris. Single-Loop and Double-Loop Models in Research on Decision Making[J]. Administrative Science Quarterly，1976，21(3)：363-375.

② Maurizio Zollo & Sidney G. Winter. Deliberate Learning and the Evolution of Dynamic Capabilities [J]. Organization Science，2002，13(3)：339-351.

第二节　育人目标的内涵及其理论依据

在创建学习型学校的过程中，从教育的本源意义上来看，教育教学过程是培养学生对世界的好奇心，帮助他们形成善于发现问题、用概念和原理分析问题、创造性地解决问题的思维品质的过程；是创设合适的场景，让学生体验个体和社会的相互关系，形成社会责任感的过程；是在各种矛盾中，平衡自己的内心并保持较高成就动机的心理发展过程。由此看来，在普通高中价值转变的过程中，教师面临着前所未有的挑战。我校应该秉承学习型学校的理念，为了学校的持续发展，教师要努力提高自己的教育专业知识和能力，提高教育教学的有效性，这是教师学术性的体现。

一、育人目标的内涵

北京市第十一中学是北京市第一所公立高中，这一特殊的发展历史让我们深感有必要在多种多样的提高教育质量的探索中做出自己的贡献。我们的探索绝不是针对少数学生的“拔尖式”特殊培养模式，而是立足于提高每个学生的学术素养。我校从“十一五”开始，就开展学习型学校建设，着力建设学习型学校组织架构；今天，我们将进一步深化学习型学校建设，使教师理解学生的认知过程，提高对“教”和“学”的学术研究能力。因此，我校学术性高中建设的目标可以概括为：提高教师教育学术能力，培养学生学术素养，让教育变成有灵性的、充满探索乐趣的过程。

育人目标就是培养学生的学术素养。学术素养是指以概念为基础，对推理和得出结论的过程非常清楚，理解原理和规律的适用性，并能够用清晰的语言表达自己的发现和观点。结合育人目标的三个维度，我们可以将我校育人目标阐释如下。

（一）对健康生活的理性理解和行动

健康生活是每个人的向往，也是学生培养目标之一。然而，正是在这个领域内，充斥着各种似是而非的“经验”和“偏见”。例如，一些养生秘方只是给出结论，却无法获得解释，于是对于这种无法证明的结论，“不支持”便成为理性思维的表现，转而把健康生活的理解和实践建立在已经被证实的结论上，进行生活和健康的安排。

健康生活更多地体现在日常践行中。学校作息时间表、作业、体育和健身时间，为学生提供了规律、简单而又健康的生活方式。学校不仅要求学生这样做，还通过班级主题班会指导学生践行“简单、快乐、健康”的生活哲学，让学生在学校生活中感受自制和自律，逐渐形成对简单幸福哲学的尊崇。这一部分育人目标的实现途径主要是每学年开展的主题班会和学校主题活动。详细内容见第四章的介绍。

（二）对自我、社会、人际的认知和实践

对于学生来说，学校是家庭和社会的中介。在情感培养上，学校的情感教育是建立在非血亲关系上的，具有通过认知理解培养情感的特征。非血亲关系的师生、生生关系具有一些亲情关系的特征，从而使得学生能够在这样的关系中，表现出自己的不成熟，在矛盾、冲突中成长。

需要强调的是，学生情感的发展是通过认知完成的。在日常生活和家庭中，学生一般是先有情感体验，然后再逐渐抽象化为概念。例如，父母的爱、家庭成员之间的关心，以及在自己的生活圈中与家庭之外的人建立的互助和友情等。与此不同的是，学校对学生的情感教育，是先有概念，然后通过学生反思过去经验，以及体会新的经验，完成概念化的过程。例如，班级、学校对于学生的规训(regulation)、同学之间的友情、与人交流的能力、自我概念和亲社会行为、上进心和自尊等，先是通过班级主题班会和心理课程，将概念引入，再通过引导学生反思经验，体会冲突，建立起学生自己在情感发展中对自我、社会和人际关系的认识。

这种与日常生活中的情感教育相反的过程，对于学生的发展而言是非常可贵的教育体验。它有助于学生用理性去分析情感问题、心理问题和人际问题，这是学校对学生情感发展，特别是社会情感发展的独特贡献。这一部分育人目标的实现途径主要是心理课程、系列化主题班会课程。详细内容见第四章的介绍。

（三）用知识解释、评论、感受周围的世界

学校是传授知识的地方。培根说：“知识就是力量。”现代科学知识发源于西方，西方对知识的本质有着非常系统的哲学思考。在“独尊儒术”的情况下，

中国的知识体系是以“圣贤”思想的形式存在的，所以对知识本身的哲学思考比较缺乏。这造成了我国学术界在知识论方面的研究比较薄弱的现象，对知识的认识还主要立足于学科知识和学科视角的认识。

在建设学术性高中的过程中，对于学术素养的探讨促使我们集中进行关于知识论的研究。我们认可国际文凭课程标准中关于知识论(TOK，Theory of Knowledge)的阐述，即知识要使学生从不同的角度解释、评论周围的世界①。它将知识划分为六大领域：数学，是提升学生推理的系统性和完整性的知识。实验科学，包括物理、化学、生物等自然科学，这些学科认识世界的方式，是通过观察自然、发现问题、形成问题、猜想、实验验证的方式来完成的，是解释世界的主要逻辑。人文，是对人类行为进行解释和评论的学科知识，它具有丰富而多样化的认识方法，既有和自然科学一致的认识方式，也有基于价值进行的判断。历史则反映了个人和社会群体要理解人类生活的时期性、阶段性特征的企图，它有知识和信息的成分，如史料和事实，也有价值部分，如对这些史料和事实的看法。艺术是人类对自己的感受和体验进行表达的形式，不同的艺术形式之间既有不同之处，也有相同之处。伦理学涉及对我们应有的生活方式、对错的辨别、道德判断的判定，以及道德对个人及群体的含义进行的分析。

学术素养是学生对于认识领域以及认识方法的认识，属于元认知的部分。但是在学科教学中，这一部分隐含在各自的学科逻辑中。学生感受到学科知识的差异，但并不知道这种差异的意义。所以，学术性高中建设要给学生退后一步看各个学科知识的机会，通过国家课程的改造以及校本课程的开发，突出不同知识领域的认识特征，让学生有认识不同学科认识方法的机会。详细内容见第三章、第四章的介绍。

（四）具有持续学习的动机和学习的能力

学生的学习动机和学习能力是否可以培养？是否是与生俱来的？教育学的研究成果已经表明学生学习动机和学习能力的可培养性，并提出了动机的

① David R. Cole, Susanne Gannon, & Jacqueline Ullman, etal. IB Programme: Theory of Knowledge (TOK): Exploring Learning Outcomes, Benefits and Perceptions[R]. Penrith: University of Western Sydney, 2014.

构成成分——学习需要和学习期待。于是，激发和培养学习动机的主要策略，便是激发学生的学习需要和学习期待，即启发式教学、控制动机水平、给予恰当评定、维护学习动机、正确处理竞争与合作等。①

学习能力就是学习的方法与技巧，它是所有能力的基础。学生学习能力一般包含六个指标，即学习专注力、学习成就感、自信心、思维灵活度、独立性和反思力②。

培养终身学习者，从口号落实为行动，需要为学生架构起终身学习的动机和能力基础。为此，我校开设了导学课，进行了"友善教学"的实验，并在课程设计和改革中，不断突出学习动机和学习能力的培养。详细内容见第三章到第五章的介绍。

学生的学术素养是基础教育价值，尤其是普通高中教育价值的关键体现；教育专业知识和专业能力，是教师学术能力的主要体现。因此，我们提出"学术性高中的内涵与实践"这一研究课题，通过培养学生的学术素养，实现"培养全面发展的终身学习者"的育人目标。而这一育人目标，需要教师对课程和学校活动进行系统改进。我校通过学术性高中建设，提高教师对教育教学专业知识的运用能力，培养学生的学术素养，并围绕此目标将学校方方面面的工作以"学术性"的要求进行改革，探索人才培养模式的新途径，实现学校改革与创新发展。

二、育人目标的心理学依据

学生的学习过程具有两重属性。第一，它是知识的掌握和运用。学生所学的知识需要进行有效的、合理的加工和组织，以方便学生的学习过程。第二，它是学生的心理投入过程。学生的心理状态、学习能力都会影响学习过程的顺利进行。最复杂的是，两种过程互为因果，很难说清楚是有效的知识学习促进了心理发展，还是良好的心理状态促进了学习行为。因此，在学校日常的教学工作中，许多学者和地方政府在尝试综合干预，即社会和情感的

① [美]皮特里等．动机心理学[M]．郭本禹等译．西安：陕西师范大学出版社，2005：210-214.
② 王小明．学习心理学[M]．北京：开明出版社，2012.

学习干预方案(social and emotional learning prevention programs①)。

从心理学的角度来看,不同心理学派都有着自己的学习观,因而对学习力的要素也有不同的观点。行为主义心理学认为,学习只不过是在刺激与反应之间建立联结,学习者在学习过程中只是一个客体、一个被动常量,外部环境或者刺激决定了学生学习能力的品质和质量。我国一些学校实行的军事化管理,就是通过营造一个充满竞争压力和考试刺激的环境,激励学生长时间接受刺激,从而提高成绩。可以说,这是行为主义心理学框架下的学习力。

从认知主义学习心理学开始,学习力才真正得到重视。认知主义学习理论注重把握情境中事物的联系与关系,强调积极思考和理解的作用,重视学习动机与学习态度的培养。同时,在教学中强调根据学习者已有的心理结构,提供适当的问题情境,在解决问题的过程中掌握一般的原理,以便把所学的知识用于解决新的问题。在认知主义心理学的视阈中,思考能力、理解能力、解决问题的能力,学习动机、学习态度、学习风格乃至人格都是构成学习能力的要素。认知主义心理学让我们看到了学生学习过程的个性化特征,以及知识在不同场景间的迁移对于深化学生的思考能力、理解能力的重要意义。

在21世纪这个信息时代,每个人都需要快速地、自信地应对互联网社会中的技术和文化变化,处理海量信息来重构和满足互联网社会新的、特定的需求。作为一个具有终身学习能力的学习者,其核心特质是有意愿的学习(intentional learning)。它的内涵除了态度以外,还包括选择以及自我意识。因此,学习力是态度、毅力和学习能力的集合。学习者的态度、特性、价值和信念,自我意识和对自己负责的态度,以及学习如何学习(learning how to learn)、自我管理自己的时间和生活,是后机械时代与知识的获得同等重要的品质②。

根据已有文献,学习力可以划分为四个主要的维度,即学习能力(learning capacities),包括思维倾向、学习意识和学习技能;学习认同(learning i-

① Greenberg M T, Weissberg R P, O'Brien M U, et al. Enhancing School-Based Prevention and Youth Development Through Coordinated Social, Emotional, and Academic Learning[J]. American Psychologist, 2003, 58(6-7): 466-474.

② Ruth Deakin Crick. Learning How to Learn: the Dynamic Assessment of Learning Power[J]. The Curriculum Journal, 2007, 18(2): 135-153.

dentity)，包括对学习的信念、价值、态度和关于学习的知识；学习故事(learning story)，即学习者一段时间以来的社会文化形态；学习关系(learning relationships)，即学习关系的质量与本质。

建构主义心理学则把学习及学习的意义推到了一个新的高度，赋予了学习能力新的内涵。在知识观上，建构主义在一定程度上对知识的客观性和确定性提出了质疑，强调知识的动态性，认为知识的学习是一个不断认知、体验和建构的过程。这与卡尔·波普尔(Karl R. Popper)以来的演进知识观是一脉相承的，即使对物理学、化学、生物学等看上去非常客观的知识，人类也仅仅是在原有的基础上，解释性更强而已①。

建构主义学习观认为，知识不是通过教师传授得来的，而是学习者在一定的社会文化背景下，借助其他人(包括教师和学习伙伴)的帮助，利用必要的学习资料，通过意义建构的方式而获得的②。基于这些观念，建构主义认为，"情境""协作""会话""意义建构"是学习环境中的四大要素或四大属性。其中，情境是意义建构的基本条件，协作和会话是意义建构的具体过程，意义建构则是建构主义学习的目的。与以往的学习理论相比，建构主义学习理论体现出三个方面的重要倾向，即强调学习的主动建构性、学习的社会互动性和学习的情境性。

建构主义对学生学习力的认识是多要素、多层次的。从学习的主动建构性来看，学习者学习的主动性、自觉性、探究性、积极寻求学习的意义是建构主义学习能力的要素。从学习的社会互动性来看，建构主义强调知识既是个人的，也是社会的，是个人与社会在交往、互动中形成的。因此，交往、沟通、合作是学习能力的要素。从学习的情境性来看，建构主义强调知识和智慧的情境性，强调让学习者解决情境性问题和参与情境性活动，从而建构起对学习者更有意义、更能够迁移的灵活应用的知识，并促进知识向综合能力的转化。因此，知识迁移能力、综合应用能力也是建构主义学习理论的有机内涵。

---

① [英]卡尔·波普尔. 客观知识：一个进化论的研究[M]. 舒炜光等译. 上海：上海译文出版社，2015：291-292.

② 屈林岩. 学习理论的发展与学习创新[J]. 高等教育研究，2008(1)：70-78.

从行为主义到认知主义，再到建构主义，对学生学习的多要素、多层次建构，整体上反映了心理学的发展历程和对学生、学习能力内涵的不断丰富与演进历程，也折射出学习能力内涵的丰富性、多样性、复杂性和发展性。

三、教师教育学术能力的内涵

公立教育制度从普鲁士开始建立，逐渐蔓延至发达国家，至今已经有 200 多年了。不论从持续提高教育质量，满足民众不断多样化的教育需求的角度，还是从知识经济和社会变迁对教育的要求的角度来看，教育体系都面临着越来越大的变革压力。在这种变革压力面前，最突出的便是对教师越来越高的要求。

（一）教师专业发展的着力点

按照学习力的理论，学生学习的过程是意愿、毅力和能力的综合。在学生建构自己的知识体系时，教师的责任不仅是把知识本身说清楚，而且要激发学生的兴趣，鼓励学生坚持下去，在这个过程中适时发现学生的认知障碍并能够给予适当的支持，而且是个性化的支持。这个要求无疑是非常高的，也有很多学者的研究认识到班级授课制对于建构学习的约束，提出小组学习的主张①。即使学生学习的组织单位从班级走向合作小组，它对教师的要求仍然非常高。

与社会的高要求相比，教师专业能力的状况却令人非常不满。从 20 世纪 80 年代开始，美国就通过《国家处于危险之中》的报告，批评了公立教育体系的低效率，以及应对教育需求变化的不力。如何提高教师质量已然成为全球公共政策话题的热点。

作为一个普通高中，我们无力系统、全面地解决提高教师质量的全球命题。但是，我们也不得不看到，北京市第十一中学也是公立教育体系的一部分，也在不同程度上有着公立教育体系存在的问题；应对社会教育需求的变化，也是我们不可推卸的责任。因此，在我们能够掌控的范围内，进行微小的创新尝试，以微创新谋大格局，也是我们回应社会教育需求变化的策略。

① 郭传省．小组合作学习的研究[D]．济南：山东师范大学，2003.

多年来的学习型学校建设研究和实践，让我们认识到教师专业发展策略中的一个关键的技术问题，即学校的集体智慧不等于教师个人智慧的总和，组织的学习行为不等于教师个体的学习行为的集合。以以往的研究和实践为基础，我们瞄准教师的"集体学习机制"建设，聚焦教师学习成果的"常规化机制"，以两个机制作为提高教师专业能力的着力点。

（二）教育学术能力

教育部于2012年颁布了教师专业标准，中学教师的专业标准由理念与师德、知识和能力3个维度（14个关键领域）组成。其中，教师专业能力涉及6个方面，分别为设计教学的能力、实施教学的能力、管理班级的能力、有效评价的能力、沟通的能力、反思研究的能力，应该说，涵盖了教师工作内容的各个方面，即教育、教学、沟通、发展。那么，教师的教育学术能力和专业能力是什么关系呢？

教师的教育学术能力是教师对工作场所中出现的问题，以解决问题为导向，按照学术规范进行研究、探索和实践的能力。这里强调两个特征，一是以问题为导向，这是工作场所中的学习以及专门职业的特征，也是由教师的实践性知识特征所决定的①。专门职业的特征就是知识基础仅仅是从业的门槛，专业发展还需要以专业知识为基础，结合工作场景，形成具有个人化特征、场景特征以及问题解决导向的专业实践性知识体系②。二是学术规范。尽管教师的实践性知识具有非结构化、依赖场景而存在、以经验感受为形式等特征，按照波兰尼（M. Polanyi）的知识理论，仍然构成了经验性知识③。但是，随着知识理论的深化以及研究方法的丰富，人类对经验性知识的认识也逐渐深化，按照学术规范去体会、加工和反思教师的教学经验和感受，是在组织中传播和共享教师实践性知识的前提。

由以上分析可以得出，教师的教育学术能力是达到专业能力提升目标的必要途径，也是教师的经验和感受得以分享、建立组织学习、凝练集体智慧的前提。教师按照学术规范，对遇到的问题进行研究，才能用合适的概念和

---

① 陈向明．实践性知识：教师专业发展的知识基础[J]．北京大学教育评论，2003，1(11)：104-112.

② 刘捷．建构与整合：论教师专业化的知识基础[J]．课程·教材·教法，2003(4)：60-64.

③ 石中英．缄默知识与教学改革[J]．北京师范大学学报(人文社会科学版)，2001(3)：101-108.

方法解读自己的经验和感受，建立在学术逻辑基础上的研究结论，才能用别人也能够理解的方式，建立问题、场景和结论之间的关联。

教师知识基础的构成，从以学科知识为主、教学经验为辅，发展到今天的强调学科知识、学科教学知识(PCK)和专业知识的共同构成，不仅给教师教育体系带来了极大的挑战，也给学校带来了艰巨的任务，即将教师的专业学习作为专业组织建设的根本，作为教师持续提高专业能力的保障。学术性高中建设就是要研究和实践教师的学术能力建设，奠定坚实的专业组织基础，保证提供合适的环境与材料，支持学生学术素养的培养。

四、教师组织学习能力发展的管理学依据

早在彼得·圣吉提出学习型组织建立之前，在20世纪80年代，受到来自日本企业管理模式的启示，美国企业管理理论研究中开始讨论组织学习能力这个话题。例如，美国哈佛大学工商管理学院教授克里斯·阿吉里斯(Chris Argyris)用双层阻碍环(double loops)阻止了企业管理者发现问题，并解决问题①。第一个阻碍环是掩饰、遮盖。组织中的人总是避免打破常规，以避免将风险带入自己的工作中。所以，许多组织都会在这样的掩饰下，允许问题长期存在。第二个阻碍环是相互推诿。“把麻烦留给其他机构”是每个部门的理性选择，但却是组织的灾难，很多能够解决的问题在相互推诿中变得不了了之。

以上问题虽然是基于企业管理提出的，但是我们相信在市场的巨大压力下，企业以问题为导向的学习能力尚且如此，公立学校所处的环境中，外界压力相对较小，也存在问题长期得不到解决，组织学习程序无法启动的问题。这也是学校中需要格外关注以解决问题为导向的有组织学习的原因。

解决组织学习能力发展问题，除了领导者有意识地打破双层阻碍环外，还需要借助机制建设来发展组织学习。特别是组织越来越大，科层体系建立起来后，依靠领导者个体的努力去对冲、削弱每个管理层以寻求一致和合规的动机是十分不现实的。对组织学习机制的不断追求，才能够保证常规化、

① Chris Argyris. Double Loop Learning in Organizations[J]. Harvard Business Review, 1977, 55(5): 115-125.

系统化的运行。

机制一是彼得·圣吉提出的转变“心智模式”。首先需要转变的是校长和学校管理层。平衡好科层管理下的“控制”角色与学习型学校管理下的“平等对话”角色，并不是一件容易的事情。托马斯·J. 萨乔万尼（Thomas J. Sergiovanni）提出“道德领导力”①的概念，反映了对学校管理中科层化现象的批评，也是削弱第一层阻碍环的有效办法，但现实往往是两者之间的复杂平衡。其次需要转变的是教师。教师从知识权威转变为教育权威，需要先适应知识权威地位下降的现实，然后才能通过组织学习，建立起适应课程改革需要的教育权威。而这一点需要教师“心智模式”的转变。在这个转变过程中，同事之间的相互鼓励与帮助必不可少，学校也必须给予教师足够的组织与文化氛围支持，让教师更好更快地实现这种从“教者”到“学者”的心理转变，让教师认识到学习并不是因为自身水平低，而是教育发展到今天，面临教育目标、教育方式和教育方法的转型，面临从掌握知识到发展能力的转变。

机制二是“深度会谈”机制。教师工作的个体性很强，其职业精神一直强调对待学生的态度，很少提及关于教师专业组织的认同感。在学习型学校建设实践中，我们借鉴彼得·圣吉《第五项修炼》中提出的“深度会谈”这一集体学习的框架。深度会谈不同于讨论，讨论虽然也能够接受别人的部分看法，但主要还是以获得自己观点的胜出作为主要目的，目的是赢得对话。而学习型学校则是需要通过不断演练“深度会谈”，揭露大家思维的不一致，借助别人观察自己的思维。

思考是人类不断进步的前提，“整合”的思考不同于“一致”的思考。一致性强调教师思考问题、思考方式和结论的统一，而“整合”则强调教师在面对同样的问题时，能够借助一定的框架，通过互动把不同的想法和结论协调起来，相互之间补充思路，形成整体思考结论的能力。

机制三是管理实践性知识。一般来说，科层管理模式下的决策信息传递有两种：集中决策指导下的整个体系的运作和由许多单个的个人做出的分散决策。具体到学校，这两种模式都存在。以校长为代表的行政集体往往采取

---

① 冯大鸣，托马斯·萨乔万尼．再造学校领导——与美国三一大学萨乔万尼教授的对话[J]．全球教育展望，2002，31(5)：3-5.

集中领导，决策学校的大小事务，再由各个部门执行；而课堂教学决策多由教师个人决定，尽管有听课和评课制度，但这很难从根本上改变教师教学中的个体决策机制。

为了实现学校知识和信息的有效传递，教师的课程建设和教学改革，需要建立类似医生的集体会诊制度、律师的集体案情分析制度……那样的专业知识生产和管理制度，才能在他们中间发展出共同的专业术语和共同的思维框架，保证他们的进步能够系统化为集体的智慧，从而实现知识可传递、可积累。只有当教师们相互理解教学中的基本概念、现象和变化及其相互联系的方式时，他们才能应用这些概念和相互关系解决工作中遇到的特殊问题。

除了解决教师知识、经验个体化问题以外，学校需要实现组织学习成果在学校内更恰当、更有效地获取、整理及传输，注重对学习成果的管理，这是学术性高中建设的一个必不可少的环节。

机制四是常规化(operation routine)。机构的创新活动和日常活动是两种完全不同的活动。通过创新活动获得的成果和产出，必须经历常规化的过程，才能真正对日常工作产生影响。这个过程被学者描述为日常工作演进模型(Evolution of Operating Routines)①，如图 2-2 所示。

近年来，随着课程改革在学校中的推进，新的教师学习方式也开始被引入学校，如反思型学习、小组学习……但从教师反思实践来看，教师反思缺乏技巧、集体学习缺乏系统和效率的现象较为普遍。因此，在引入新概念和新思想的同时，如何对反思型学习、小组学习等新的学习方式进行细节设计，进行实施方案的构想和实践，如何将学习和创新的成果落实到日常工作中，成为考验学校领导层管理能力的关键制约点。

研究组织学习和创新的管理学知识的普及，让我们意识到当前教师职业发展对教师的新要求是各国普遍存在的现象，我们并非是特立独行的存在，而是站在了顺应世界教师专业发展趋势的正确轨道上。校长和教师都需要心智模式的转型，从心理上放下传统的权威架子，认同教师要跟上时代对教育的新要求就必须有所改变，认同教师是一种专业化的职业，乐于以一种学者

① Maurizio Zollo & Sidney G. Winter. Deliberate Learning and the Evolution of Dynamic Capabilities [J]. Organization Science，2002，13(3)：339-351.

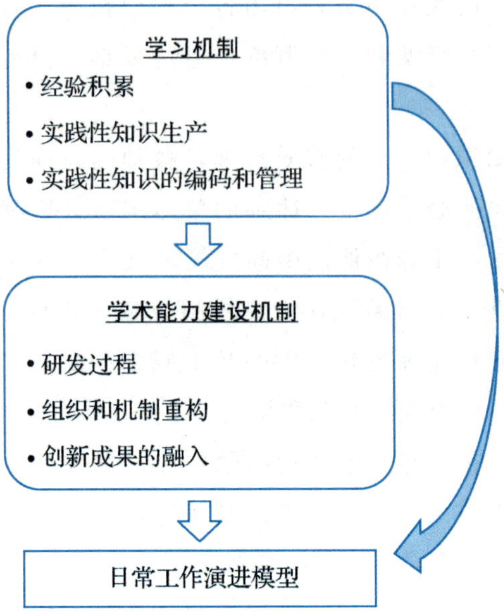

图 2-2　组织学习成果进入工作流程的演进模型

的心态去重新认识教师职业的专业发展需求，重新反思学习的方法与过程。

更重要的还是将创新纳入实践，学术性高中建设不仅是一个研究课题，更是一个探讨将学习、创新、能力和实践循环演进的行动模式。

第三节　课程改革背景下学术性高中建设的目标及其实现

如上一节所讨论的，与家庭、社会相比，学校在学生认知发展方面具有不可替代的作用，由此也确定了以认知为核心来支撑全面发展育人目标的实施路径。北京市第十一中学独特的发展历程，强化了对认知发展中关于平等、学习研究的特征，这与国家宏观的课程改革背景相一致。

教师的组织学习和创新能力、学校的创新管理及转化能力，是激发学生学术素养，培育终身学习者的保障，也是学术性高中建设的并列目标之一。那么，学术性高中建设的目标是如何实现的，以及学术性高中建设与课程改革、考试评价制度改革之间有着什么样的关系？

一、实现育人目标的路线图

育人目标如何实现呢？即使课题研究不断缩小育人目标的范畴，在课程改革的背景下，将育人目标具体化到认知层面上，认知过程与方法仍然是教育心理学关注的核心问题，仍然不是一所普通中学应该关注和研究的问题。普通中学是从事学科教学的机构，最需要做的、也是实践中教师最迷惑的内容是如何利用知识来配合教师的专业能力达到育人目标。这实际上是三个环节工作的循环往复，如图 2-3 所示。

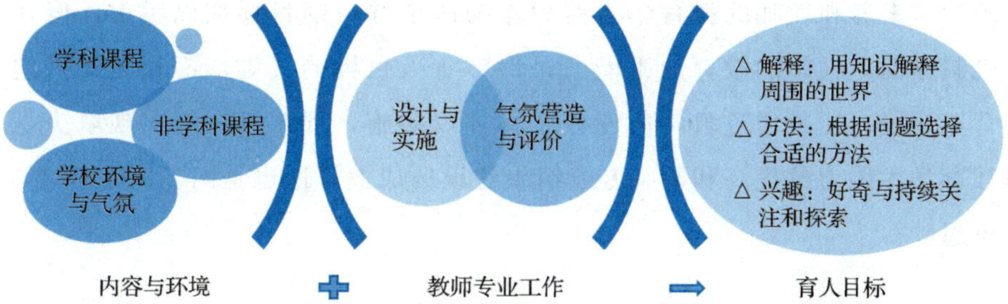

图 2-3　学术性高中育人目标的实现过程

第一个环节是知识环节的工作。教师在学科知识的基础上加工和开发更多的非学科课程，创设充满探索和思考的学校环境。在这个环节中，学科课程和非学科课程作为培养学生的内容和环境构成没有什么异议，学校环境与气氛也和课程内容一样，是学生浸润其中的世界。如果说学科课程和非学科课程是这个世界有形的实体建筑，那么学校环境与气氛就是学生成长所需要的空气。关于这一点，也是终身学习理论研究中经常提及的非正式教育的形式。所以，将学校环境与气氛置于这一环节，是强调学生成长中的正式和非正式教育资源。

第二个环节是实施过程的工作。教师在实施过程中通过科学设计教学目标和教学计划，营造良好的学习环境与氛围，激发学生的学习兴趣，引发学生独立思考和主动探究，发展学生的创新能力。这恰好是《中学教师专业标准（试行）》提出的教师专业能力部分的要求。

第三个环节是育人目标。育人目标体现了学生学习知识的主要功能，即用知识解释周围的世界，建立所学知识和周围世界的关联。在本章第一节，已经梳理了全面发展框架下的育人目标，包括理性、健康的生活方式，对自我、社会、人际的认知和实践。然而对于育人目标的实现，学校主要是通过认知途径来完成的。因此，在课程改革的背景下思考育人目标，主要集中在功能——用知识解释周围的世界；以及方法——学术范式，在工具层面根据问题选择合适的方法；兴趣——持续的动机和心理层面对功能的支撑。

学术性高中育人目标实现的过程，是通过提供合适的内容与环境，通过教师富有教育学术性的工作，达成培养学生学术素养和学术兴趣的目的。其中，学术性作为一个隐含的原则体现在过程和内容中。学术性高中建设将学生的学术素养和教师的教育学术能力作为两个并行的目标加以考虑，但在实现机制层面，教师的教育学术能力是保障育人目标的关键，不管是提供内容和营造环境，还是通过教师的专业工作加以实施，育人目标的实现取决于教师教育学术能力的提高和教师专业组织建设的成效。这也是图 2-3 所表达的核心思想。

二、学术性高中建设与课程改革、考试评价制度改革的关系

《国家中长期教育改革和发展规划纲要(2010—2020 年)》将推动普通高中多样化发展作为普通高中发展的主要策略。学校要通过办学体制多样化，扩大优质资源；推进培养模式多样化，满足不同潜质学生的发展需要。每一所高中都应该走出一条有特色的人才培养路子。正是在普通高中多样化发展的战略下，北京市第十一中学以学术性高中建设作为学校形成特色、办出质量的模式选择。

(一)课程改革：学术性高中建设的“抓手”

在国家关于课程改革目标的陈述中，将课程改革看作全面提高普通高中学生综合素质的途径。通过推进课程改革，铺就三条道路，提高学生综合素质：①保证学生全面完成国家规定的文理等各门课程的学习，达到基本质量标准；②积极创造条件，开设丰富多彩的选修课，提高课程的选择性，促进学生全面而有个性的发展；③推进研究性学习、社区服务和创造性活动，培养学生的社会责任，提供给学生认识自己、发现研究兴趣的机会。总体上来讲，课程改革的目的是改变学生学习的内容和学习的环境，让学生生活在合

适的内容和环境中，实现全面而有个性的发展。

学术性高中的实现路径之一，也是改变学生成长的内容与环境(如图 2-3 所示)。因此，国家对于课程改革的方向、路线的指导意见，也自然成为我校学术性高中建设中关于内容和环境建设的指南。自学术性高中建设伊始，我校就开展了以“成长”为主题的课程建设工作，涵盖了国家课程改造、校本课程建设、活动课程系列化等，具体参见第三章“学术性高中的课程建设”。可以说，我校以学术性高中建设的战略规划来落实国家课程改革的目标，这个路径具有我校的特色，也是我校实现国家普通高中多样化发展战略的实施策略。

（二）考试评价：学术性高中建设的“助推器”

我国在 21 世纪初启动课程改革，北京市在 2006 年正式开始实施普通高中课程改革。随着时间的推移，课程改革的成果不断累积，考试评价制度改革也便成为不可逾越的改革话题和目标。2014 年，国务院颁布《关于深化考试招生制度改革的实施意见》(国发〔2014〕35 号)，将深化高考考试内容改革作为推动普通高中，乃至整个教育事业持续发展和顺利转型的战略要点，要求依据高校人才选拔要求和国家课程标准，科学设计命题内容，增强基础性、综合性，着重考查学生独立思考和运用所学知识分析问题、解决问题的能力；改进评分方式，加强评卷管理，完善成绩报告。

这样一份文件开启了整个社会对于考试评价制度的研究和实践。对于北京市第十一中学来说，考试评价制度的改革也给课程改革提供了助推力。考试评价中所反映出的课程思想与课程设计思想之间的关系，对于普通高中教师来说，具有格外的吸引力。学术性高中建设本身就是学校对课程改革、考试评价制度改革的落实战略。因此，学术性高中建设作为学校的集体适应和发展战略，具有了被教师们接受的合理性基础。

建立科学的教育质量评价体系，除了学业水平考试和综合素质评价以外，建立学生发展指导制度，加强对学生的理想、心理、学业等多方面的指导①，也是考试评价制度改革的构成部分。这是我校多年开设导学课、学术素养教

① 周敬山．以育人模式创新推进普通高中教育转型发展[J]．上海教育，2013(Z1)：98-99.

育的组成部分。这些年来的改革让我们认识到学生不是实现高考目标的工具，他们本身就是发展的目标，在达成学业水平的同时，学生自身的发展也是考试评价制度改革的方向。

进入21世纪以来，我国的普通高中就一直处于转型的艰难探索中。从提出普通高中多样化发展战略，到推动内容与环境改革，再到最近的考试评价制度改革，改革逐渐系统化，也逐渐完善起来。与国家从战略到课程、到评价的改革纵向推进路径所不同的是，一所学校要靠发展战略来支撑国家改革方向，并体现技术路径（学术性）和要素配置（教师教育学术能力）的自身特点。

第三章　学术性高中的课程建设

DISANZHANG　XUESHUXING GAOZHONG DE KECHENG JIANSHE

培养全面而有个性的学生，是建设创新型国家对教育的要求。实现这一目标，离不开学生的个性化教育以及学校自身的个性和特色建设。2007 年秋季，北京市启动普通高中课程改革，到目前已经历了重点项目推进，到现在已进入以“质量提升”为特征的内涵发展“深水区”。课程改革的范围扩展到每所学校，课程改革的重心也下移到每所学校。《教育部关于全面深化课程改革落实立德树人根本任务的意见》(教育二[2014]4 号)，《北京市实施教育部〈义务教育课程设置实验方案〉的课程计划(修订)》(京教基二[2015]12 号)，北京市在深化基础教育领域综合改革中出台的一系列文件，特别是部分学科教学改进意见，以及 2015 年年末出台的中考改革方案，形成了一个以中高考考试和招生录取为龙头的环环相扣的改革链条。如何处理好国家统一教材与学生个性化、多样化的教育需求的矛盾，如何将新发展的教学内容纳入学校的课程方案，如何发挥课程建设在激发学生兴趣、发现自己的潜能中的作用，是学校课程建设直面的问题。

要解决以上问题，学校需要把握课程建设的理念，正确理解知识和能力之间的关系。当今时代是信息、知识大爆炸的时代，知识流量呈现几何级数增长，知识获得的方式日益多样化，于是教师教什么、怎么教，学生学什么、怎么学，学校给学生打下什么样的生命底色，学生在学校积累什么样的基础，是学校课程建设的重要选择。

第一节　课程建设的理念、目标和原则

在学术性高中建设战略中，课程建设的功能是提供有助于学生学术素养

发展的内容与环境。课程建设的目标是在学校育人目标框架下的具体化，即课程建设要考虑为了培养学生的学术素养，培养学生的学习热情和学习能力，课程内容和结构应该进行怎样的设计和实施？

一、课程建设的理念

近年来，随着课程改革的深入，教师对知识和能力的内涵、对教学材料的选择权都有了切实的感受，这使得课程建设的理念能够从文本和政府文件落实为教师头脑中的概念。

（一）课程理念——知识与素养

课程改革伊始，知识和能力之间的关系就是课程改革争论的焦点问题。有学者总结了四次理论争鸣①，这些争鸣落脚点各不相同，有的立足应试教育的现实与课程改革的理想之间的矛盾，有的评论知识和素养的关系，还有的从精英教育和大众教育的矛盾中批判课程改革的精英主义导向。无论立足点有怎样的差异，课程改革说明了其本质是对知识及其价值重新进行定位，在知识海量增加的情况下，考察建构式的教学和学习方式，倡导新型的师生关系和活动方式。这些争鸣对于我们确定学校在课程改革中的地位，对于我们理解课程改革的本质是十分重要的。

对课程研究的文献梳理让我们认识到知识本身不是目的，而是达成目的的手段，不能继续将学生的素养培养当作在掌握知识过程中自然而然形成的品质，需要对学习过程加以设计。进入“十二五”以后，随着课程建设等工作的深入开展，学习型学校的理念开始进入实践探索层面。2012 年，我校成功立项了国家级课题“学术性高中的内涵与实践研究”。在学术性高中的建设实践中，我校借鉴国际文凭课程的知识论观点——学习者自己通过推理、实验、体验、表达、批判和行动(服务)等主观建构起对世界的认识，建构起学习的知识和他们周围世界的联系，感受不同学科群理解周围世界的不同方式，将所学知识与他们的生活联系在一起，用知识解释周围的世界，并在这个过程中学会猜想、寻找、证明、论证和实验的方法，培养思考和学习的能力——

① 纪德奎．新课改十年：争鸣与反思——兼论新课改如何穿新鞋走出老路[J]．课程·教材·教法，2011，31(3)：18-24.

致力于教师、学生个体实际学习意识的觉醒和学习能力的提高。我们要让学生从北京市第十一中学毕业后，仍然能够用他们所获得的分析能力、高成就动机和良好的学习策略来处理和理解周围的世界。以这种课程观去实施国家课程、培育校本课程，让新的社会、生活、艺术和科技话题进入学生的学习过程，构建基于学生终身发展的、开放多元的、自主选择的课程体系，为学生的一生负责。

（二）课程理念——统一与干预

课程设计应该考虑学生学习过程的理念，还应注重对偏离平均水平的学生，特别是学业水平较低学生的考查。自 20 世纪 90 年代中期开始，我校便联合原崇文区教科所对每一届入学新生进行学习适应性的调查分析，通过《学习适应性测验(AAT)》，了解学生在学习过程中调整自身、适应学习环境的能力倾向，主要包括学习热情、有计划地学习、听课方法、学习环境、毅力和身心健康等因素，并依据结果建立学生档案，对学习者的学习适应能力，包括学习品质、学习能力、身心健康等进行动态分析和管理。测评数据显示，部分学生在学习热情、学习技术、独立性、毅力、身心健康等方面存在学习适应性方面的困难。因为测验是以班级为单位进行的，从学习适应性总分的等级分布情况来看，在某些项目或总分方面低于 45 分的学生(确实在学习适应性方面存在困难)在每个班级中都存在。这需要个别指导，开设专门的心理和学法指导课程，同时更需要在课程整体建设中关注学生人格品德、学习品质、学习能力等多方面的培养，为学生的自主发展提供坚实的支撑保障。

（三）课程理念——广度与深度

学校的办学理念是以学习型学校模式培育终身学习者。它所蕴含的一个重要思想便是终身学习者的培育是一个成长过程。学生的成长是伴随身体的自然成长，获得心理和精神相伴成长的过程，是一个不断体验和发现的过程，同时又是一个不断建构自我的过程，需要葆有一颗好奇的心，同时又具有面对挑战的积极态度。我们教育者要做的是明晰学生的发展趋向，创设激发学生发展的环境，洞悉学生内在发展规律，做学生自主发展、终身发展的跟随支持者、科学指导引领者，发挥学生在成长中的自主意识，真正激活学生的成长自觉意识。

然而，对于我们为学生提供的"成长土壤"，在有限的时间约束下，如何平衡深度和广度问题？

在第二章育人目标中，已经提出以认知培养促进全面发展的育人目标，涵盖认识自我、悦纳自我的良好的人格与心理；包括能自我规划、自我约束、自我调节的健康方式；具有优秀品质与品德，有团队合作意识和能力，有国家认同、国际视野、社会公德、社会责任。这样一个全面发展的育人目标需要一个广泛的课程内容支撑。

但是，第二章也已经说明，学校对全面发展的支撑是通过认知来完成的。因此，全面发展的育人目标并不是全面的、宽泛的课程内容，而是通过培养学习品质，激发学生浓厚的学习兴趣和主动学习的动机，发展学生天生的好奇心，并使其具有持久的学习毅力和专注力；通过培养学生的学习能力，发展学生系统的思维能力、问题解决能力和信息处理能力，使其具有创造性和想象力的智慧，能够运用所学知识、思考技能来识别和处理复杂问题，并做出理由充分、合乎伦理的决定，建立知识与周围世界的联系。因此，在平衡广度和深度方面，在更加重视课程结构的前提下，课程建设应该更加注重深度而不是广度，而此处"深度"的含义便是体会不同的学科视阈，解释、评论和感受周围的世界。

学校课程建设需要发挥教师和学生的主体作用，构建知识体系和学生学习交互支撑的结构。学校课程建设的目标不是学生掌握完整的知识，而是以知识学习为途径，以学生的能力培养、价值体系、情感意义为目标，让学生在开放的文化世界中建立日常生活世界与科学世界的多维度、多层次的关联，以自己独特的价值选择介入课程，使自己的内部潜能在富有意义的文化世界中实现，从而促进自身的情感、体能、审美等多方面的整体均衡发展。

二、课程建设的目标和原则

"成长"课程建设，是时代发展的要求，是我校历史积淀与学习型学校建设的必然结果，也是课程建设实践中不断打磨、不断实施、不断修改的结果。课程价值定位、系统性架构和内容资源、支持体系之间的关联性不断获得改善。

（一）课程建设的目标

围绕“培养积极、有创造性的终身学习者”的育人目标，在学术素养的框架下，课程建设的目标分解为以下两个部分。

1. 关系素养培养

在认识世界、探索社会的过程中，学生是行动的主体。因此，课程建设应该尊重学生的个性和差异，培养学生的特长，发展学生的潜能。与此同时，学生认识和探索的过程不是一个人能够完成的，课程建设要培养学生学会保持自我、又融入社会协作体系的能力，培养学生自主学习、主动发展的能力，提高学生的参与意识和合作精神，善于寻找支持体系，学会交流与分享，促进学生全面而有个性的发展、终身可持续的发展。

2. 学习素养培养

学生学习的过程不仅仅是掌握知识的过程，更是形成学习能力和学习动机的过程。“成长”课程特别关注培养学生的创新精神与实践能力，培养学生获取、收集、分析和处理信息的能力，反思、批判、综合、建构的能力以及持续不断地根据外部世界的需要进行自我组织学习的能力，运用合适的工具和概念去探索和解释周围世界的能力。

综上所述，课程建设目标表述为：用知识解释世界，用能力融入世界，用智慧影响世界。

有效整合国家课程、地方课程和校本课程，将课程与学生生活联系在一起，建立符合学生认知特征的思维链条——发现问题、提出问题、解决问题，学会用知识解释世界，用能力融入世界，用智慧影响世界，并尝试穿越学科边界，拓宽学生的思维视野，让学生在更开阔的领域思考问题。

（二）课程建设的原则

课程设置要基于国家和地区教育改革政策，遵循学生认知和成长规律，适应时代发展的要求，为学生的全面、个性、持续发展奠定基础。

1. 以生为本，助力成长

加强课程的人本性。既关注学生的情感需求、身心健康以及在群体中的感受，又有意识地通过课程的设计满足学生的不同发展需求，挖掘学生的不同发展潜力，从而让学生收获满足感和成就感，同时让学生学会学习、学会探索和发现，让思维能力、问题解决能力、信息处理能力、国家认同、公民责任、国际视野、合作意识和健康的人格品德等素养成为学生必备的生命底色。

2. 系统优化，均衡和谐

加强课程的系统性。根据德、智、体、美等方面全面发展的要求，均衡设置课程，根据学校实际和学生的不同需求进行系统设计，优化课程结构，注重学生的基础知识和基本能力，拓展学生的知识结构和能力结构，培养学生的创新意识和实践能力。

3. 综合设计，有机整合

加强课程的综合性。注重学科知识与学科能力、社会生活和学生经验的整合；注重跨学科内容的整合；注重学科教学与德育工作的整合，充分发挥各学科整体育人的功能；注重课堂教学与社会实践的整合，使学生通过亲身实践，发展创新精神与实践能力以及综合运用知识解决问题的能力，培养学生的社会责任感。

4. 开放多元，自主选择

加强课程的多元性。不断拓展课程资源，超越课堂和学科边界，为学生多样化发展提供丰富多元的课程供给，满足不同学生的发展需求，增强学生对课程选择的可能性，让课程关注到每一个学生的发展。

近年来，核心素养跃升为普通高中教育的新“热词”，并成为借以深化基础教育课程改革、落实素质教育目标的关键。但是，根据学者对于核心素养研究文献的梳理，核心素养是在学科知识、问题解决、世界观及方法论三个不同的层次上讨论的①。随着教育科学和认知科学的进展，我国学术界也同经济合作与发展组织(OECD)、欧盟一样，认识到在学科基础知识之上，应该追求更上位的统领性素养，但是对于如何将核心素养需要融入学科课程，不仅中国学者之间未达成共识，而且世界不同国家也呈现不同的实践样态②。

哲学家米歇尔·德·蒙田(Michel de Montaigne)曾经对人的认识过程提

① 李艺，钟柏昌．谈“核心素养”[J]．教育研究，2015(9)：17-23．

② 邵朝友，周文叶，崔允漷．基于核心素养的课程标准研制：国际经验与启示[J]．全球教育展望，2015(8)：14-22，23．

出过一个非常形象的比喻：“我用别人的花儿编织了一个花环，除了扎花儿的绳子是我的，别的都不是。”知识是一个个花朵，人的认识过程就是将花朵串起来的过程。于是，学科知识的组织，实际上反映了课程设计的核心问题，即在学科内容之上如何体现核心素养，如何把相关学科知识内容加以组织。

从课程实践来看，我校培养学生以所学知识解释、评价和感受周围世界的能力，以及终身学习的动机和能力，具有明显的工具性特征，但又体现了学科思维和学科视角。因此，课程设计指向核心素养，但主要局限于认知领域。

第二节　课程结构

如前所述，在海量知识面前，知识的广度并不十分重要。将不同的课程组合在一起的逻辑，即课程结构，这才是课程建设的核心问题。

那么，如何组织浩如烟海的人类知识呢？

一、课程结构设计的技术方案

在第一节中，我们已经讨论了课程建设的理念、目标和原则。在具体进行课程建设时，还需要回答这些理念是如何体现的，体现在哪里，这是将原则落实为技术方案的阶段。

如何处理课程结构中几种不同类别课程之间的关系？我校的课程分为国家课程、校本课程和活动课程。其中，国家课程是每个学生必须学习的，有严格的课程标准；校本课程是基于学校教育理念、发展历史和教师知识基础而定的，学生有选择性，课程标准是由学科组确定的，教师也有发展的自由；活动课程具有课程设计的意图，没有学生评价标准，学生有充分的选择性，它具有学生成长记录和个性特色的功能，是学生特色和综合素质评价的来源。因此，我校提出了以“两个统一”为本，布局课程建设的方案。通过“两个途径”，即国家课程校本化的实施和校本课程的培育开发，实现“两个统一”，即必修与选修、学科与活动、显性与潜在的统一，知识与经验、过程与结果、主观与客观的统一；形成能够促进每一个学生发展，重基础，有层次，目标整体、结构多元，尊重选择、差异发展的课程结构体系。

对待国家课程，在严格按照国家课程标准实施课程的同时，进行国家课程的校本化改造，设计跨学科主题教学，部分内容延伸至学生生活，教学方法改革方面体现我们的课程观和知识学习方式。

对待校本课程，我们强调教师专业组织对于课程质量监测和管理的职责，借助教师专业组织的力量，将学校对学生学术素养的强调体现出来。校本课程是体现学术性高中建设的主要平台。

对待活动课程，我们强调学生个性和特色的展现，充分体现学生选择，充分发挥综合素质评价在形成学生个性和特色方面的作用。用活动课程的思维改造学生社团，提供更广泛的机会，发现学生的才能和特色，用综合素质评价系统记录和分析学生的特色。

如何在实施过程中落实课程理念、目标和原则？我校确立了以“三个点”为主，落实课程建设的方案。以打破学科边界为突破点，着力培养学生的思维能力和实践能力，使学生自己通过实验、体验、表达、批判和行动等主观建构起学习的知识与他们周围世界的联系，学会把课堂中学到的知识与外部世界相结合，突破学科视角，穿越学科的边界，从而培养学生的综合能力。以学习方式的改变为重点，让学生感受到学习形式的丰富多彩，从学习习惯、元认知、自我纠正、分享和合作等多个方面培养学生的学习策略，培养受益终身的学习能力。以教学方式改革为落脚点，在教学过程中、在教学计划制订中体现课程改革的要求和思想。

以上只是在技术上提出了我校关于课程结构设计的思路，对于课程管理的思考将在第四章中加以阐述。

二、课程结构的整体框架

学校课程是一个完整的体系，在功能上体现基础性、拓展类、研究型三类课程的有效整合，体现学校课程目标的整体布局；在知识领域上设置了身心健康、人文社会、科学技术、艺术审美、综合实践五大系列课程；在课程类别上有国家课程、校本课程、活动课程，体现学校在这些课程的建设、实施和更新上要采取不同的策略和方法。

如前所述，课程结构框架要体现知识组织的逻辑。因此，在展示学校课程结构时，是从课程功能的角度进行叙述的。学校对三类、五个系列的课程采取不同的建设方案，分步实施，给学生更多的选择性，让学生具有个性化发展的空间，激发学生的潜能和学习兴趣。

在图 3-1 所展示的课程结构中，左侧是按照课程的功能展示的，我们用基础性、拓展类和研究型课程，去支持和实现我校学术性高中建设的育人目标，即用知识解释世界、用(学习)能力融入世界、用(学术)智慧影响世界。右侧按照知识领域展示，全面发展的学生需要全面的知识领域支撑，并交由学生做出自己的知识领域选择。

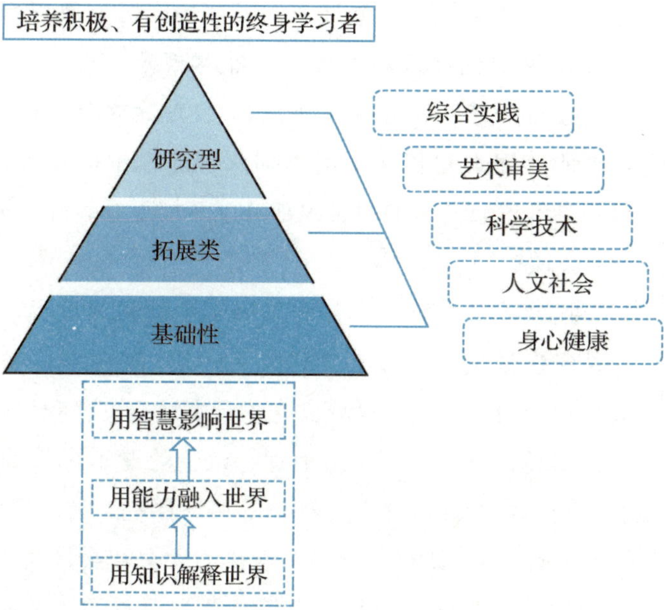

图 3-1　北京市第十一中学学术性高中课程结构

从课程建设的“结构—功能”进行分析，可以将整体结构描述为课程“金字塔”，基础性课程属于金字塔的底座，构成学生全面发展的主要来源。拓展类课程居于金字塔的中间，是学校培养学生个性，激发学生潜力的主要阵地。而居于塔尖的是研究型课程，它提供跨学科的视野，培养学生的学术素养和问题解决的能力。如图 3-2 所示，三类课程均包含五大系列知识领域的课程：

身心健康、人文社会、科学技术、艺术审美、综合实践。这些课程的目标、内容、开展方式和评价方式都有较大的差异，以下分知识领域阐述目标、内容、开展方式和评价方式。

（一）身心健康课程

课程目标：以立德修身，增强体质健康，提高自我认知，培育良好的心理品质为主要目的；强调德行为先，培养学生正确的价值取向和道德情操，增强学生的身体素质和心理品质，使学生养成良好的运动习惯，形成健康的生活方式。发现自我，悦纳自我，充满自信，积极向上。

课程内容：由体育与健康、心理健康、生涯指导、体育选修、篮球、体育社团，“发现之旅”系列活动中的体育驿站、心理驿站，研究性学习等组成。这一板块的内容涉及国家课程，要求每个学生都达到国家课程标准。我校和其他学校一样，在国家课程评价和考核方面非常规范，也很有经验。但是，心理健康、生涯指导和体育选修等校本课程，“发现之旅”体育驿站的建设标准和评价问题，更能够体现我校在不同类别课程建设中的系统性和专业性。关于这部分内容，见本章第三节课程实施部分以及第五章教师专业发展。

（二）人文社会课程

课程目标：以加强人文教育，丰富和发展学生的精神世界，培育正确价值观为主要目的；增强学生的语言素养和人文素养，使学生了解认知社会和多元文化，提高思辨能力，认同本民族文化，具有社会责任和国际视野。

课程内容：由语文、英语、历史、地理、政治等学科的国家课程，阅读课程、人文综合、校本选修课程之人文社会等选修课程，社团课程，“发现之旅”系列活动中的阅读驿站，研究性学习等组成。人文社会是人类最丰富的知识领域，开设一门校本选修课相对简单，但是此类课程的标准制定、评价方式都与传统的考试差别很大，人文社会课程挑战教师的评价能力。

（三）科学技术课程

课程目标：以加强科技教育，提高学生思维和实践能力，培育科学态度为主要目的；增强学生的科学素养、动手能力和创新意识，使学生了解科技发展前沿，思考人与自然的关系，提高科学思维能力，善于质疑、批判、推理、综合运用多种方法进行验证、归纳和综合。

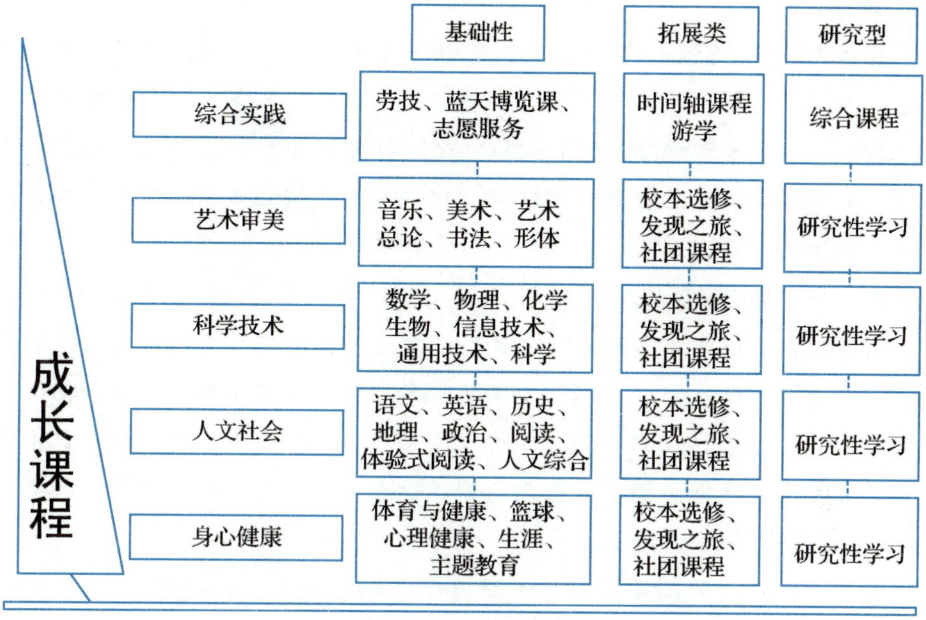

图 3-2　学术性高中课程结构所涉及的知识领域

课程内容：由数学、物理、化学、生物、信息技术、通用技术、科学等学科的国家课程，校本选修课程之科学技术，社团课程，“发现之旅”系列活动中的科技驿站，研究性学习等组成。这部分课程带给学校和教师的挑战是如何将科技课程从高冷转变为亲和，与学生的体验、感受以及经验结合起来。科学技术类课程都有完整的知识体系，这类课程的考试和评价相对比较完整，但是科学技术类课程要从高冷走向亲和，应该区分考试和评价。考试针对国家课程，但其他课程则体现为从参与、感兴趣、到研究和发布成果的“进阶”评价。在“发现之旅”科技驿站中，学生感兴趣，爱动手就是目标；而社团课程的评价标准就是兴趣和竞赛；校本选修则是在兴趣基础上对某个问题的研究，最终评价标准是学生发布自己的研究成果。

（四）艺术审美课程

课程目标：以增强艺术修养，提高审美能力，陶冶情操，培育情趣为主要目的；增强学生的艺术感受能力、鉴赏能力、表现能力和创造力，浸润心灵，丰富情感，使学生学会用多种方式表达思想与情感，用多种方式感知世界，感知美。

课程内容：由音乐、美术、艺术选修、艺术社团，“发现之旅”系列活动中的艺术驿站，研究性学习等组成。这部分内容非常丰富，学生特别容易接受。相应地，艺术审美类课程的评价，要区分创作和审美。对于大多数学生来说，对艺术能够鉴赏和感知就够了，对少数有才能和技艺的学生来说，创作才是评价的落脚点。

（五）综合实践课程

课程目标：以增强实践体验，提高自主学习和创新能力，培育良好的个性品质为主要目的；密切学生与生活的联系，使学生走出教室，推进学生对自我与世界关系的认识与体验，使学生了解自然、社会、文化，提高自主探究能力、社会交往能力和团队合作意识，学会发现问题、提出问题、解决问题，增强服务意识和责任意识。

课程内容：由劳动技能、蓝天博览课、志愿服务、时间轴课程、游学、综合课程等组成。这类课程的评价是由每类课程单独规定的，评价标准是每次课程的组成，每个综合实践课程都设置和目标、活动过程相关的评价方式。

多种形式的课程提供给学生，扩大了学生的选择范围，对于提高学生的学术素养会产生良好的效果。但是，学校目前面临的挑战是将课程内容与课程管理结合起来，将课程研发与学生评价、学生指导结合起来。

第三节　课程实施

由第二节的阐述我们可以看到不同课程中存在的技术难题，科学课程的难题是与生活的联系以及研究性学习的展开，平衡科学性与学生的可接受性；人文社会课程的难题是学生评价；活动、体育、艺术与综合实践课程的技术难题则是学校内部对于课程标准的管理，以及将课程标准与学生个性化评价结合在一起的途径，实际上是课程实施的系统性问题。因此，本节着重讨论课程实施的系统化问题。

一、国家课程的校本化

国家课程有完善的标准和评价方式。对于国家课程，学校的角色和责任是立足自己学校的校情、学情，部分地调整知识的组织方式和评价方式，更好地帮助学生学习与掌握基础知识和基本原理，培养学生的基本的学科知识结构和学科思维能力，更有效地提高学生的基本素质和基础学习能力。在北京市第十一中学，这种基本素质和学习能力，更加凸显的特质是学术素养和终身学习的动机和能力。

根据课程改革的方向，突出我校培养学术素养的特点，我校采用三种不同的方法实施国家课程的校本化改革，即突出学科特质改革国家课程、跨学科主题教学改革国家课程以及系统延伸强化国家课程。

（一）突出学科特质改革国家课程

课程改革在处理知识和素养之间的关系时，是在学科知识之上，设计学科思维的要素，推动学生再向前一步。因此，对于国家课程的校本化改革，首先要做的就是将学科特质突现出来。下面以物理学、英语两个学科为例进行阐述。

1. 物理学

物理学是一门实验科学。该学科思维强调在自然界中发现现象，提出问题，对猜想和假设进行解释，设计实验程序加以验证，根据实验结果推算一般化结论。关注一下物理学发展的历史，物理实验在物理学中的作用是以探究为主还是以验证为主？物理学的研究是先有了理论（假设），再去验证；还是先做了实验，再总结出理论？或者说，在物理学的研究中，更多使用的是归纳方法还是演绎方法？

实际上，物理学发展到形成理论体系的阶段时，“假设—演绎—验证”就成了一般的研究模式，即先提出理论假设，然后根据假设得出一些推论，再通过实验去验证这些推论，从而证明假设是否成立。如果成立，假设便成为原理。更多的时候，科学家在实验之前，已经对实验结果有了某种预计或假设，做实验的目的只是为了验证而不是纯粹的探究，如 α 粒子散射实验。这种思考问题的方式，需要在实验过程中得到体验。近几年来，我校物理学科组已经对 18 个国家课程中的实验进行了校本化改造，各模块分布如下。

《必修 1》3 个：弹力与弹簧伸长的关系，研究滑动摩擦力的大小，共点力作用下物理的平衡条件。

《必修 2》5 个：曲线运动的速度方向，曲线运动的条件，平抛运动的特点，斜抛射程(选修节)，探究向心力的大小与质量、角速度、半径之间的关系。

《选修 3-1》3 个：探究影响点电荷之间相互作用的因素，平行板电容器的电容与哪些因素有关，安培力。

《选修 3-2》4 个：通过闭合回路的磁场发生变化——产生感应电流的条件，楞次定律，变压器的电压与匝数的关系，半导体热敏电阻的热敏特性。

《选修 3-4》2 个：单摆的周期和摆长的关系，光的折射定律。

《选修 3-5》1 个：碰撞中动能的变化。

为了突出物理学实验科学的属性，我校物理课程校本化采取了校本实验的方式，让学生深入实验设计环节。在教师的指导下，学生应用已经学过的知识，自己设计实验，或在教师的指导下通过实验来探索物理规律，从而获得新知识并且加以应用。因此，教师在教学过程中要启发诱导学生自主建构知识并进行实验探究活动，要创设能引起学生兴趣和问题的情境，指导学生注意观察周围世界和生活实际中的物理现象，使学生有思考、质疑、表述、探究、讨论问题的机会，让学生通过个人、小组、集体等多种方式进行解难释疑的探究，在这一过程中掌握知识、技能和方法，给学生更多的时间可以慢慢地打磨自己的实验设计思路，将思考链串起来，提高他们系统思考和逻辑一致性的水平。物理学科的校本化实验设计已经基本完成，明显拉近了学生与物理学这一“高冷”学科的思考距离。

2. 英语

英语作为外语课程，一直有两个功能：交流的工具功能以及作为英美文化载体的功能。为了突出英语的工具性和文化属性，我国于 2014 年改革外语中高考办法，突出了外语的应用性。我校英语课程校本化改革工作也顺应国家外语教学和考试的方向，强化英语的交流功能，将课堂教学中的讲授减少，增加口语交流的机会，提高学生的语感。同时，建立英语课本剧编排、展示渠道，学生在平时的英语课堂学习之外，在教师指导下进行课本剧创作，将平时创作、展演与学期末英语剧演出结合起来，扩大了英语剧的学生基础，也体现了英美文化学习的功能。

2015年，高一年级进行戏剧展演，8个班全部参加。高一(1)班的"*A Magical Day*"(《神奇的一天》)讲述了两个学生Allen和Kira吵架后，学着用"读心术"理解对方并和解的故事。高一(2)班的"*Be Yourself*"(《做自己》)则是一部心理剧，讲的是一名充满幻想的高中生Richard，在面对生活的压力时，不断在梦境中转换角色，在变成了老师、原始人和超人后，发现他们都有自己的烦恼，意识到了自己的生活才是最快乐的，做自己才最快乐。高一(3)班选择了魔幻题材"*The Magic Mirror*"(《魔镜》)，主角还是王子、公主，但是这次王子成了腹黑王子，公主用自己的智慧和思考拯救了姐姐。高一(4)班勇于反思，直面学生沉溺游戏的问题，但是他们自己好像无法救自己，需要一个神秘人物。"*The game boy is changing*…"(《游戏男孩变了……》)就讲了神秘人改变了游戏小子Tom对学习的态度，提高了他的学习成绩的故事。高一(5)班的"*Dream pursuit*"(《追求梦想》)则描述了怀揣各自梦想、从小一起长大的Jesse和Quinn，面对日复一日的日常生活，开始怀疑自己最初的决定。于是，奇迹发生了，在一个女神神像前祈祷并交换了灵魂后，她们开始了另外的生活，但渐渐地，她们开始反思忏悔，发现自己已经偏离梦想的轨道，太多的抱怨与犹豫让她们忘却了最初对梦想的那份坚持、热爱与执着。当然，最终的结局是她们各自回到了追求梦想的轨道上。高一(6)班的剧本"*Teamwork Spirit*"(《团队合作精神》)是非常正能量的，剧情就是在一个由精英组成的班集体中，每个人都很自大，根本无法容忍别人的领导。在经历一次次集体行动的失败后，唤起了他们内心对集体情感的向往。这让我们看到学生们也能够如此有创意地去设计集体情感这种话题。高一(7)班的同学则"剑走偏锋"，选择了一个非常经典的剧本"*Millionaire*"(《百万富翁》)，同学们想炫耀一下自己的演技。高一(8)班走了一条非常平和的演艺路线，他们的剧目叫"*We are all friends*"(《我们都是朋友》)，讲述了一个班级的"边缘分子"被同学们发现了他内心渴求友情，渴望被接受，而终于成为大家的朋友的故事。这让我们看到了学生们在日常生活中的善良。

这些剧本的选择和编写，让学生们看到了英语作为工具之外的文化属性。这种形式活跃了校园气氛，体现了英语课程教学的两个属性。

（二）跨学科主题教学改革国家课程

国家课程的校本化还需要进行跨学科的课程建设，这就需要在学校层面上协调学科组，以主题为线索，强调问题和探索意识，重构知识。按照这种方案实施的课程目前主要有人文综合、艺术总论等课程。

人文综合课程的设计理念包括两个方面：学生认识社会是以问题的形式进行的，需要按照学生认识的需要打破学科边界；现实社会中的问题需要到历史中"追本溯源"，建立社会问题的演进知识观。于是，我校将政治和历史课程的有关内容按照主题进行综合，由两位教师以两节连上的方式，站在不同的角度，深入剖析一个主题，培养学生综合分析能力。目前确定了"消费行为""货币演变与发展""民主制度""中国政治制度""中国经济制度""世界轨迹""家族企业"7个主题。在政治和历史课程中，整合相应的内容，改革学生的学习方式，将假设、求证、陈述、评论、讨论等方法运用于学习过程，丰富评价方式，将检索参考材料、整理陈述和论文写作等作为不同阶段不同形式的作业和评价。

艺术总论也采用这种课程理念，在音乐和美术课程的学科知识之上，以艺术是人类对自己感受的表达为切入点，超越具体艺术形式，帮助学生认识艺术形式与艺术内容之间的关系，提高学生的鉴赏水平，同时引导学生主动尝试用多样化的形式表达自己的感受，将"鉴赏＋表达"同时运用于教学过程和评价过程。我校将音乐和美术的部分课程内容进行综合，由两位教师以两节连上的方式，向学生展示用不同的形式表达同样的艺术感受。艺术总论课程确定了"中世纪的人和宗教""二战后的经济增长和现代社会""宫崎骏的人文主义漫画"等主题，分别讲授教堂音乐和绘画、电子音乐的出现和抽象派绘画、漫音乐和绘画等。

两门课程体现了以问题为导向的学习方式，学生在学习中完成了完整的认知过程。以问题为单位组织学习过程，重在培养学生如何获得知识的方法，课上给学生的是问题，鼓励学生尽可能发现解决问题的方法。例如，引导学生分组寻求帮助、提供分析问题的支架图、提示分析问题的方向和思考的方法；再如，给学生设置辩论题，让学生在正反辩论中寻求自己的答案等。这种获得知识的过程符合"经验—分析—发现"的认知过程，学生的思维更加强烈，求知欲更加强烈，开始意识到学习不是接受，而应该是发现，知识不只用于记忆，更应该帮助认识。学生开始成为一个真正的学习者，慢慢学会用已有的知识不断地学习充实自己，慢慢意识到需要他们学习的不只是书本而更是他们生活中的一切。

（三）系统延伸强化国家课程

数学、语文是中学教学中最核心的课程，也是学生体会不同学科属性，培养学术素养的核心学科——抽象和表达。但是，大多数学生在这两门学科中存在明显的瓶颈现象，达到一定程度后难以持续提高，也无法体会这两门学科的独特学科视角。为此，我们在对这两门课程进行校本化改造时，建立了课程的延伸系统，帮助学生突破瓶颈。

1. 数学的微课程

数学课程的学科特质是推理，在培养逻辑思维方面具有不可替代的作用。因此，数学成绩往往能够指代学生思维的系统性和逻辑性。然而，学生的思维敏捷性是不一致的，有些学生基础知识牢固、反应敏捷，能够在课堂上跟上教师的思维，与教学过程的节奏一致，那么其逻辑思维和推理能力就会获得有效的提高；但是，大多数学生可能在某一个环节上落后，导致思维训练的过程被打断，这就是学生在数学学习方面容易出现瓶颈和失败的原因。

为了延伸课堂，帮助学生完成思维链接，我们利用信息技术带来的优势建立数学微课程，用5～10分钟的时间再现课堂上的一个知识点，学生在课堂之外补上思维的缺口，完成思维的链接。在微课程——统计部分开始上线后，出现了非常好的效果，帮助学生克服了统计知识点繁杂，需要学生竭尽全力完成从现象到抽象的过程的问题。

2. 开设体验式阅读课

自开始课程改革以来，关于语文教学的批评就不绝于耳，关于文学性与工具性的争论，关于教什么、考什么，反映了关于语文课程定位的差异①。我

① 单学文．论中学语文教学中的文学性——从徐默凡、李明洁的争鸣文章说开去[J]．语文月刊（学术综合版），2009(6)：38-41.

们认为，阅读对于学生拓展视野和终身成长，对于学生认识自我、认识世界起着至关重要的作用。但是，由于阅读和语言知识、文学知识相比，比较适合个体阅读，并不适合班级授课，因此在提供阅读内容的同时，教学方式应该进行相应的调整。于是，我们单独为语文课程增加了阅读课，十多年来持续探索对阅读进行指导和教学的方式和方法。

我校的阅读课程经历了从自主阅读到以“成长”为主题的体验式阅读的转变。2004 年，我校首次设置单独的自主阅读课，每周一课时，正式列入课表，以“书香伴我成长”为主题，开发了阅读手册《书香伴我成长》和《诵读手册》，强调在阅读中提高学生的文学修养以及语言运用能力，丰富学生的词汇和语句。应该说，此时的阅读课是非常实用性的，但只限于增加学生的阅读量，同时丰富美文、美句，文学性的养成还谈不上。

自 2010 年起，我校在总结自主阅读课开设经验的基础上，开始试点以“成长”为主题的体验式阅读的课程建设探索。针对自主阅读课中教师指导不够、文学性体现不够的缺陷，以“成长”为主题的体验式阅读在阅读内容和阅读指导方式上都发生了变化。而且，为了突出阅读体验和阅读后的交流探讨功能，学校建立了多功能、开放、现代、独具特色的学校图书馆及学生活动中心，将借书、阅览、活动、视听、休闲等多种功能整合，为学生营造了一个舒适、自由的阅读环境，提供了一个可视、可听、可交互的开放式阅读空间。

以“成长”为主题的体验式阅读强调了教师对专题阅读的指导以及学生阅读方式的变化，并将这种阅读课与学生的心智、精神成长结合起来，冠名为“REAP 体验式阅读”。REAP 意为“收获”，取自 Reading(阅读)，Experience(体验)，Argument(讨论)，Performance(展示)的第一个字母，体现了立足学生成长经历，进行相关主题阅读，讨论交流所思所想，表现阅读成果的教学风格。课程设置的理念遵循了让阅读与学生的情感发展、思想构建联系起来的原则。阅读主题的确定既符合学生的兴趣，又体现教育性；既有标准和目标，又体现开放性和选择性。阅读的方法遵循 REAP 的全过程，在阅读中体验，在体验中讨论，在讨论基础上展示。学校在阅读课程建设中使教师专业能力不断得到提升，从最初让学生拓展视野，感受书香，逐渐体现出以阅读为渠道，立德树人，培养学生在成长过程中与主人公交流、与同学交流，体验和收获情感与精神成长的功能。表 3-1 为体验式阅读课程模块设计示例。

表 3-1 体验式阅读课程模块设计

模块内容	目标	阅读(R)	体验(E)	讨论(A)	展示(P)	成果
勇气 《微软的崛起》《培根论人生》	用培根的话解释现实的人和事	➡	➡	➡	➡	我写中国标杆人物对抗赛
梦想 《人类征服的故事》《了不起的盖茨比》	理解梦想与时代的特征	➡	➡	➡	➡	论文、漫画、墙报、电影海报
修养 《音乐的故事》《数理化通俗演义》	理解修养的类型	➡	➡	➡	➡	我看修养绘本集
规则 《蝇王》《致加西亚的信》	理解规则的遵守与背叛	➡	➡	➡	➡	哲学讨论
爱情、友情 《挪威的森林》《莎士比亚悲剧四种》(卞之琳译)	细致的体验与悲剧之美	➡	➡	➡	➡	我把害羞、牵挂写活了
青春狂躁 《麦田守望者》《伟大的励志书》	理解同样的青春、不同的选择	➡	➡	➡	➡	散文比赛：我书青春
自尊 or 虚荣 ——性别视角 《项链》《老人与海》《妈妈的心有多高》	了解文学作品中的性别形象	➡	➡	➡	➡	论文、漫画、辩论、墙报

国家课程校本化是学校落实国家课程改革、考试评价制度改革、人才培养模式改革战略的重要路径；也是实现普通高中多样化发展战略，实现战略转型的关键。但是，实施过程中面临非常复杂的选择和细节考量，普通高中多样化发展越进入实施阶段，学校可借鉴的经验就越少，这也是学校面临真正挑战的开始。

二、校本课程建设

校本课程包括校本必修课程和校本选修课程两种。校本必修课程是学校为了体现自己的特色，创造性地实现育人目标而进行的课程建设。北京市第十一中学在培养全面而有个性的终身学习者的目标下，开设了生涯规划课程、“成长”主题班会课程。校本选修课程是学生兴趣和个性的直接体现。到目前为止，学校已经形成身心健康、人文社会、科学技术、艺术体验四大领域共70多门的开放多元的校本选修课程，构成可供学生选择的课程菜单。

（一）校本必修课程

1. 生涯规划课程

生涯教育是终身教育体系的一个组成部分。它是一种唤醒教育，是一种能够激起学生个体对自己的人生做出一种较为科学规划的教育，能够帮助学生认识自我，进行自我管理和生涯规划，为学生的终身发展奠定基础。生涯规划课程的设计结构图如图 3-3 所示。

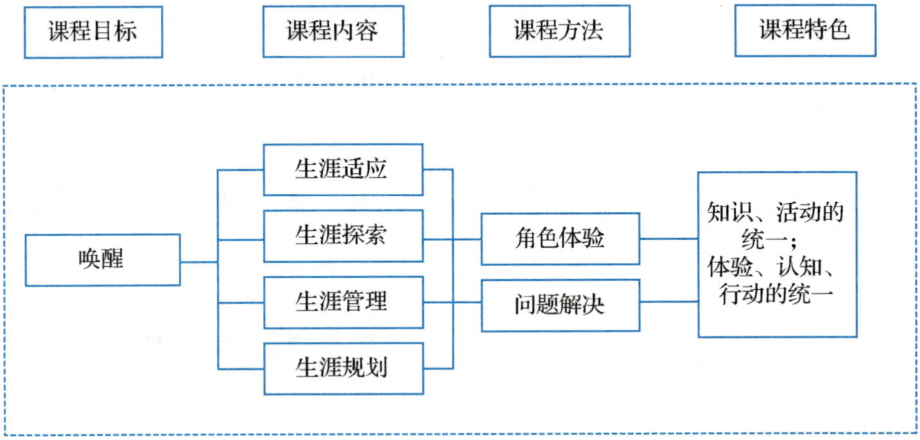

图 3-3　生涯规划课程的设计结构图

经过多年的实践，我校的生涯规划课程固化为学校的校本必修课程。课程内容包含四个主题。第一部分是生涯适应：适应环境（人文、物理）和适应学习；第二部分是生涯探索：自我探索（性格、气质、兴趣、能力、价值观等）和职业探索（认识职业、各个职业领域认知与体验、职业能力等）；第三部分是生涯管理：目标管理、自制力、角色管理、情绪管理、决策力；第四部分是生涯规划：学习规划、职业规划、人生规划。我校采用“体验学习”和“问题解决”的学习方式，并编写了学生生涯探索和发展的成长手册；同时将课程延伸至课外和校外，开展丰富多彩的主题课程；利用社会大课堂的丰富资源，组织学生走出校园，参与各级各类的职业体验；举办学校职业规划 TOP10 大赛等。

生涯规划课程的实施以及多种活动的开展满足了学生的生涯发展需求。学生的自主发展与生涯规划意识明显增强，在选修课程和填报志愿时目标清晰、不再盲目，学习动机和成就意识明显增强，学习成绩有所提高。近几年，我校一直保持学生毕业成绩高于入校成绩的优秀加工力。许多学生通过生涯探索发现了适合自己发展的领域，在文体、科技、知识竞赛等方面取得了突出成绩并在毕业后进入理想的职业生涯领域。

2.“成长”主题班会课程(集体心理教育)

班会课是每个星期必不可少的班级交流课程，是班主任向学生进行思想品德教育的主阵地，也是 2012 年教育部颁布的中、小学教师专业标准中的重要内容。北京市第十一中学将班会课视为学校德育课程体系中的基础课程，视为班主任专业工作的核心部分之一。

关于整体设计学校德育体系的思想在主题班会课程的实施中，有两个关键问题：内容(选题)、形式。

在确定选题的过程中，教师作为个体，很难从整体上把握主题，主题班会的偶然性和随意性较大；此外，大多数情况下，这一次主题班会和下一次主题班会之间、这一学年的主题班会和下一学年的主题班会之间没有丝毫联系，每一次主题班会都是孤立的、缺乏连续性的工作。将主题教育课程化，需要有一个课程基准，使班主任对主题班会的效果有准确的认识，这是帮助班主任进行主题班会的反思，实现班主任工作专业化的条件。

2012 年 10 月 8 日，我校召开主题班会课程化建设工作推进会，明确主题班会课程化建设的指导思想，并出台《主题班会课程化建设 2012—2013 学年第一学期工作方案》。学校基本工作思路是，依据儿童成长规律，学校确定了各年级阶段性成长教育主题。七年级：自律与养成；八年级：青春期；九年级：理想；高一：生涯规划；高二：价值引领；高三：励志教育。与此同时，围绕年级阶段性学生发展主题，每年级分别确定了4个主题班会必选主题。在完成必选主题的基础上，班主任教师可根据班级学生发展情形和自己的偏好和擅长增加自选主题，通过主题班会专业实施，促进学生健康发展，推动特色班级形成。

从形式上来看，主题班会在实践中有明显的单一套路，这使很多学生不仅没有达到深刻的自我反思，反而假模假式，表演意味强。在发现这个问题后，我们在主题班会之后又加上了注解：集体心理教育，以期望体现集体心理构建的形式。其实，班会的形式只有多样化，才能适应青少年学生的特点。

詹万生教授曾在他的《整体构建学校德育体系》中系统论述了整体构建德育体系的理论基础及其现实意义，并明确了整体构建学校德育体系的目的，即使班主任、团队工作从经验型转向理论型，从随意性转向计划性，从盲目性转向科学性，从零散性转向系统性，以提高德育水平，增强德育实效①。

学校德育处面向各年级组、班主任，就本学期学校优质班会展评活动、学校优秀班会案例评选活动进行了具体说明并明确要求各年级要围绕年级主题做好组内集体学习，注重经验分享和集体智慧累积，以主题班会课程实施为基本点，着力推进学校以“成长”为主题的德育系统构建工作。以下提供了一个主题班会的设计，它体现了高中二年级以价值观形成为目标的落实情况，它对感恩的理解，超越了父母的爱，在更一般的意义上形成感恩的体验。

“感恩之心”主题班会

学校：北京市第十一中学　教师：赵琳

一、班会背景

随着年龄的增长，学生的身心发展呈现出阶段性、连续性的特点。高中三个年级学生面临着不同的任务，因而学生出现的问题会呈现出一定的规律。我们的德育工作就是抓住了这个规律性而开展的，同样德育工作中的主题班会也应遵循这种规律性进行选题。这样才能使教育的整体性、连续性和针对

---

① 詹万生．整体构建学校德育体系总论[M]．北京：教育科学出版社，2001：1-10，23-29.

性得到较好的体现。

本班是高二文理分班后重新组合的班级。教师通过日常与学生及其家长的接触，发现学生中普遍存在的一个问题是学生与家长之间的关系比较紧张。部分学生在家中与家长沟通很少，在家庭内部比较孤独；有的学生由于不会处理与家长和同学的关系甚至产生极端的念头和行为；还有的学生面对父母的付出不但不领情，还抱怨颇多，使得家长与学生处于对立状态。

学生出现这种现象的原因是由他们所处的发展阶段决定的：由于高二学生面临人生中的一次重大选择——文理分班。分班后周围都是新同学，需要重新融入新的集体中，并且这个阶段又要第一次面临大规模的考试——会考，因此焦虑水平最高。高二学生的孤独感相对较强。在高一时刚刚进校，教师、家长对他们相对比较关注；高三面临升学考试，教师、家长也对他们尤为关心，经常谈心，了解学习、生活情况，进行思想上的沟通。而高二阶段恰恰是家长相对来说比较忽视的一段时间，家长与学生的沟通较少。由于以上种种原因，高二年级的主题班会主要定位于如何与父母、教师沟通，如何与同学、朋友相处，使学生在情感上得到支持。于是，我们选择"感恩"这个题目作为主题，开展主题班会。

二、班会目的

知识能力：培养学生的表达能力、组织能力、分析问题和解决问题的能力。

过程方法：以学生活动为主体，以学生的互动为班会的主要内容。

情感态度价值观：以班会的内容影响学生，使学生明确父母的养育之恩，老师的教育之恩……让学生学会感激，在感激中懂得珍惜、知道回报，从感激中生发出爱的火花，由爱父母、爱老师、爱同学，到爱学校，最后升华为一种爱国之情，进而完善自己的道德品质，养成良好的行为规范。

三、班会准备

材料准备：由于学生中出现了上述种种问题，我们决定班会材料的组织要在学生的生活中寻求，发动学生共同创作和搜索。经过反复揣摩选择了如下材料：①以学生自编自演的小品为整个班会的线索，将生活中与家长由学习引发的矛盾展现在大家面前；②漫画故事《阿狸的故事》，这是学生在网上搜索来的，目前这个系列故事在网上和学生中广为流传；③歌曲《真的爱你》，这首歌曲是Beyond乐队写给母亲的歌，学生演唱并用吉他伴奏；④学生自创的诗歌《如果没有那个人》。

场地：本班教室。

设备：多媒体、电吉他等。

四、班会过程

(一)班会导入：小品

【内容】

这是五月的第二个星期日，午后，空气中夹杂着闷热的气息，蝉在树上不停地鸣叫着，让人异常烦闷。

此时，儿子头也不抬得打着游戏，而母亲则在一旁收拾着屋子。

子：唉，真烦，又输了！这关怎么老过不去呀！

母：起来一下，我把这里扫扫。

子：等会儿，您不能先扫别的地方呀！

母：唉，少玩会儿吧！都玩儿了一个下午了，去休息一下。你的作业还没写完呢，老师上次跟我说，你上课不听讲，下课不写作业。你说这样下去，你以后怎么办呀！你以后自己怎么养活你自己！

子：哎呀！少说两句吧，我错了，行吗！哪儿那么多话呀！

母：你这孩子怎么这样呀！这是和你妈说话的态度吗？

子：我不是说我错了吗？怎么没完没了！

母：你这是什么态度！

子：就这态度！我没错！

母：你再说一遍！

子：男子汉大丈夫！打死我也不说！

母：你……你给我出去！

子：出去就出去，早就不想待在这儿了！

母：出去你就别回来！

儿子摔门出去了，路上，看见他的同学兴冲冲地捧着束花走来。

同：嘿，哥儿们，天都阴成这样了，去哪儿啊？

子：嗯……没事，出来走走。哟，你怎么来了啊，还拿着花？

同：哟，你怎么不知道，今天是母亲节啊！看咱给老妈买的这花，不早了啊，我得赶紧回去给老妈惊喜呢。

子：今天是母亲节？……

儿子摇了摇头。

此时，天阴得更沉了，在通往图书馆的路上，儿子一脸郁闷的走着。压抑的空气骤时聚集，天空开始打雷，雨顷刻间下了起来。儿子快步跑到图书馆门口，外面，雨倾盆地下着。忽然，儿子的手机响了起来，打开看却是母亲的短信："儿子，回家吧，外面下雨了，要是淋雨病了还怎么学习啊！"

儿子叹了口气，摇摇头，走进了图书馆。

儿子随手拿起了一本书，漫无目的地看着。原来，那是本漫画，讲的是一只叫阿狸的小狐狸的故事。

【设计目的】

为了让学生产生共鸣，引发学生思考，在导入"感恩"这个主题的环节中，我们取材于学生的生活。学生们自编自演，将生活中与家长由学习引发的矛盾以小品的形式展现在大家面前。通过观看小品，学生会思考这样的问题："面对父母的爱我们是否已经麻痹？我们懂得珍惜，懂得感激父母的爱吗？"

（二）活动环节

1. 漫画故事欣赏《阿狸的故事》

【内容】

阿狸陪妈妈去山顶看夕阳。夕阳把整个世界涂成了金色，整个山脉散发着光辉。山顶的风有点儿大，但妈妈的身边很温暖。妈妈忽然说，要是有一天她死了，就要埋葬在这里，这样就可以每天看到这里的夕阳了。

阿狸问："死是什么？"

妈妈说："这可真是一个很难回答的问题，就是暂时离开的意思吧！"

阿狸说："那多久回来呢？"

妈妈说："嗯……也许很久……"

阿狸说："我乖乖上床睡个午觉，你就回来了吧？"

妈妈微笑着摇头。

“我坐镇上的小车，从第一站坐到最后一站，你就回来了吧？”

妈妈微笑着摇头。

“那等到我乖乖听你的话，把屋子收拾好，你就回来了吧？”

妈妈微笑着摇头。

“那等到冬天下雪的时候，你就回来了吧？你说过每个冬天都要给我做新帽子的。”

妈妈微笑着摇头。

“那等到我种的树苗长成大树，你就回来了吧？”

妈妈依然微笑着摇头。

“妈妈，那你什么时候回来呢？”

妈妈微笑着摸着阿狸的头说：“我的傻孩子……”

“世界上睡得再久的午觉，也能等到醒来的时候……再长的旅行，也能等到到达终点的时候……再冷的冬天，也能等到过去的时候……再嘈杂的世界，也能等到安静的时候……可是，只有死亡却是越等越远啊……”

阿狸哭得很伤心。

“那我是不是就再也见不到你了？我不要！”

“不会的，小阿狸。”妈妈抱着阿狸微笑着说……

“如果有一天，我不在了，你尽管听不到我的声音……再也看不到我……但是你会感觉到，我在安静地陪伴着你。当你在后花园的时候，我从厨房的窗户安静地看着你；当你在厨房的时候，我在卧室为你打着毛衣；当你在卧室的时候，我在客厅看着报纸；当你在客厅的时候，我在后花园整理我的百合花。你看不到我，我却未曾远离过你。我的小阿狸，要知道我永远爱着你。”

于是，在那个黄昏，有些听不太懂的小阿狸，有些悲伤，有些幸福。

【设计目的】

这一环节是使学生从感性认识上升到理性思考的过渡，能充分调动学生的思维，让他们回顾过去生活的点点滴滴，捕捉自己记忆中的感动瞬间，在思考中感受父母的良苦用心，懂得亲情的可贵。

2. 歌曲《真的爱你》：学生演唱，并用电吉他伴奏

【内容】

真的爱你

Beyond

无法可修饰的一对手，带出温暖永远在背后，纵使啰嗦始终关注，不懂珍惜太内疚；沉醉于音阶她不赞赏，母亲的爱却永未退让，决心冲开心中挣扎，亲恩总可报答；春风化雨暖透我的心，一生眷顾无言地送赠，是你多么温馨的目光，教我坚毅望着前路；叮嘱我跌倒不应放弃，没法解释怎可报尽亲恩，爱意宽大是无限，请准我说声真的爱你。仍记起温馨的一对手，始终给我照顾未变样，理想今天终于等到，分享光辉盼做到。

【设计目的】

通过歌曲学生能够体会亲情的伟大无私，重新认识与审视自己与父母的关系，懂得父母的艰辛与伟大。

3. 学生自创诗歌《如果没有那个人》

【内容】

《如果没有那个人》

作者　王月

如果没有那个人，这个世界上不会有我的存在；那个人，是我妈妈

如果没有那个人，我将没有伟岸如山般的依靠；那个人，是我爸爸

如果没有那个她，我不会押韵写诗；不会测算研究；那个她，是我老师

如果没有那个她，伤心时我不会被安慰；喜悦时没人与我分享；那个她，是我朋友

如果没有那个国家，我将四处漂泊，没有信仰也没有支持；那个国家，叫作中国

如果没有那颗星球，我不知道这茫茫宇宙中我是否还存在；那颗星球，叫作地球

我知道，爱并不是一种义务 没有谁有义务对另一个人好

我知道，你们给予了我很多，不计回报地给予了我许多

这许多许多，是我，最珍贵的

谢谢你，带我来到这个世界；谢谢你，让我健康地长大

谢谢你，教会我最美的文字；谢谢你，陪我活过最美的青春

谢谢你，给我信仰、荣耀与责任；谢谢你，让我活在如此美丽的世界

最美的，并不是青春；而是那些你们陪伴的日子

夜风轻抚过手背，轻轻带着时间悄悄地溜走

终有一天，你们都会老去，都会离去

而我要做的，并不应该是追忆似水年华；而是用行动告诉你们，我对你们的感激与爱

从明天起，做一个懂得感恩的人

这样，不需要面朝大海，我也一样会幸福

【设计目的】

这首诗歌是由学生自己创作的，发自学生的心声，容易引发共鸣，对学生产生较深刻的触动。

4. 用集体歌唱升华情感体验

【内容】

歌曲《感恩的心》。

【设计目的】

用歌声传递一种情感，感恩父母，感恩师长，感恩同伴，感恩社会，感恩这个美丽的星球，以一颗感恩的心，传递一份爱。

5. 我要发言

【内容】

学生针对感恩的主题发言，并写出感恩祝福。

【设计目的】

感恩教育的目的是通过体验、内化、升华，最终使学生学会感恩，并将它化为行动，实践于生活中。这一环节能够帮助学生走出以自我为中心的圈子，更好地审视自己、认识自己，用实际行动来回报自己的父母师长、同伴，并回馈社会。

(三)教师总结

我是怀着感恩之心站在这里的。

首先，我要感谢各位学校的领导和老师能够在百忙之中抽出时间来到我们班观看这次主题班会。

其次，我想给大家讲一件我曾亲身经历的事情。这是一件小事，但是我至今仍记忆犹新。去年冬天，由于身为班主任，我每天上班时间比较早。早上天还没亮，我就要从家里出来到小区门口的一个公交站等车上班。每天都要早起，所以人很疲惫，不禁常常在心里抱怨：为什么自己会活得这么辛苦！就这样日复一日，有一天，我坐在公交车上突然想到：母亲为了孕育我们需怀胎十月，我们从头到脚的若干个器官能够正常地发育，我们从小到大能够健康正常地成长起来是一件多么不容易的事情，又是一件多么幸运的事情。现在的我拥有着健康的儿子，从事着教师的职业。每年都会有三四十个学生陪伴着自己，他们愿意倾听我对任何一件事情的见解和看法，我也可以走进每一个学生的心灵深处与他们交流，分享他们的世界，这是多么幸福的生活，我还抱怨什么呢？假如，此时此刻我的工作是去清扫一条街，我都会把它扫得一尘不染。

在此，我希望大家都能够珍惜命运给予我们的最宝贵的这一切，珍惜我们的生活。我此刻感到很欣慰，因为就在刚刚我看到了大家对这个集体的珍惜，对我们这次班会的珍惜。刚才由于紧张，我们的同学在唱《感恩的心》这首歌时，音调起高了，大家到后面都唱不出声音来。但是，就在关键时刻我看到的是每个同学都在竭尽全力地唱出声音，大家在唱的过程中都在齐心协力地寻找合适的音调，后来我又重新听到了高亢的歌声。拿着蜡烛的我站在角落里觉得非常感动，我为拥有你们这些学生，拥有你们这些朋友而感动。

最后，我再一次感谢每一位同学为这次班会所做出的努力。希望在今后的生活中，我们能够感恩于命运赐予我们的一切，将感恩之心化作前进的动力。再一次谢谢大家！

(四)效果反馈——学生的感恩祝福

感恩，要溶于我们的血液，化为我们的动力。——董美春雨

祝愿我所有的亲人、朋友每天开心、健康。——夏镱

母亲的爱有如一颗尘土，在我脆弱时给予我希望。我爱你，妈妈！——蔡亦尘

爸爸、妈妈，感谢你们给了我生命，让我有幸能来到这个温暖的世界，也许我的不懂事会使你们伤心，但我永远爱你们！——王思杪

亲爱的爸爸、妈妈，你们给了我生命，没有你们我就不会存在于此。在成长的过程中，我一定给你们添了很多麻烦，祝你们永远幸福！——张宏宇

感谢父母，祝他们健康、幸福！——李健美

可能我们有太多的不懂事，让您操了那么多的心，我会渐渐明白您对我的爱。爱你，老爸！——甘玉琦

感谢所有出现在我身边的人，是你们带给我过去、现在和未来，谢谢你们！感谢母亲对我无微不至的照顾！——滕微

希望我身旁的家人、朋友、老师以及所有的人都能够幸福、快乐！感谢你们！——温萱仪

感谢我的父母、老师和朋友，谢谢你们一直以来陪伴着我，照顾我！——董陆阳

感谢母亲带给我们生命，老师带给我们知识，朋友带给我们快乐！——陈丁硕

在这十七年间，我想感谢每一个帮助过我的人，我的父母、老师和朋友，也包括与我有竞争的人，感谢你们！——贾垒

原来我并非不快乐，原来我身边充满幸福的气息，谢谢你们，我身边的每一个人，从明天起做个幸福的人！——张丹婷

感谢所有帮助过我的人，我的父母、老师、朋友，谢谢你们给我的爱！——田林慧

希望爸爸妈妈可以身体健康，让我长大成人之后可以报答他们的养育之恩！——马晓双

祝愿老师们在以后的每一年幸福安康、事业顺利！——武思雨

感谢我的父亲一直以来对我的关爱！感谢我的老师一直以来对我的培育！祝福你们！——王粲嘉

感谢这十七年来我遇到的所有的人和事，无论是好是坏，都是我生命中不可或缺的部分！——李天一

（二）校本选修课程

校本选修课程对培养学生终身学习的能力具有独特的价值。让学生学会学习、学会探索和发现，培养学生的人文素养和科学精神，使学生具有可以阅读和理解科学、人文、艺术的能力，理解运用这些不同的学科探究周围世界的不同路径和方法，是支撑学生自主发展和终身发展的重要能力和素养，而实现这一目标离不开以此为价值导向建立起的校本选修课程。丰富多彩的校本选修课程为各类学生提供了一份丰盛的“自助餐”，实现了学生的自主选择，大大开阔了学生的视野，激发了学生学习、实践、研究的浓厚兴趣，为不同的学生创造了发展兴趣、培养特长的条件，使学生以积极的态度参与到自身的发展与建构中来，使学生的潜能得到激发，为学生未来的发展提供了无限的可能。

三、活动课程

活动课程在学校中有独特的课程价值。在我国传统的高中教育理念中，学校是传授知识的地方，是思考的地方。活动课程是小学、大学最多见的课程。小学的活动课程是让学生高兴，大学的活动课程是为了锻炼学生的能力；而面临高考压力的高中再进行活动课程似乎就显得有些不伦不类了。

然而，课程改革让我们看到了学习过程的多样性。学生在活动课程中获得的学科情感和学科思维，是他们在习得性知识学习中难以培养的。活动课程具有独特价值。因此，活动课程的设置致力于学生的“实践体验，潜能开发和个性发展”，以“培养兴趣、拓宽知识、自主发展”。

（一）社团课程

社团课程的建设以校学生会为依托，经过申报、评估、聘任导师、招募、组织等一系列规范的程序组织和活动，既为特长学生提供了施展才能的沃土，也为不同兴趣爱好的学生提供了研究探讨和合作的平台，更为所有学生打开了一扇开发自身潜能的大门。社团运作的学生自组织充分锻炼了学生的统筹组织能力、设计领导能力、合作表达能力等，学校还特意开辟了发现角，为不同社团提供了排演、展示、展览的空间。我校社团课程内容如图 3-4 所示。

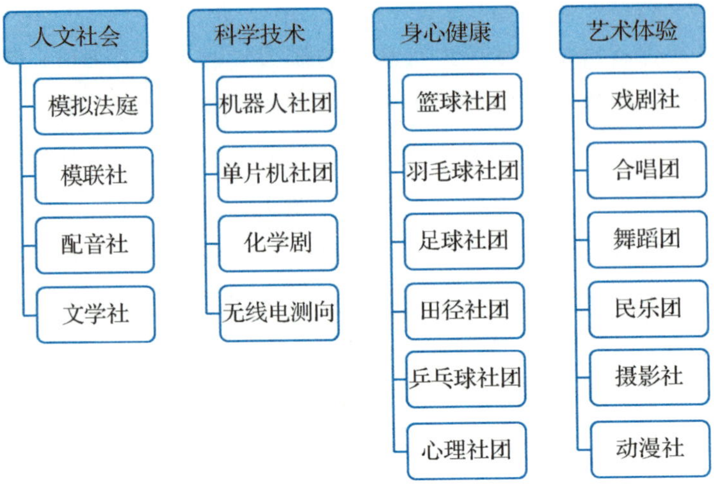

图 3-4　社团课程内容

（二）发现之旅

学校设置“发现之旅”主题课程，用发现的眼光，以创新的形式开展学校主题活动。学校一个学年的主题活动从每年 9 月开始，到第二年 8 月结束，主要开展包括体育节、科技节、艺术节、读书节、心理健康节等主题活动。这些主题活动对于活跃学校气氛，提升学生在各个领域的能力非常有帮助，也对班级建设有所促进。但是，主题活动也有“为活动而活动，集中力量办活动，以活动完成为目标”的倾向。如何将主题活动开发成学校的活动课程，与日常的教学活动相结合？我校自 2014 年起，开始了“发现之旅”活动课程探索。

“发现之旅”首先是一个平台，将平时各个学科领域的研究性学习、各学科的课程研究、德育工作成果，按照“发现之旅”各个驿站的类别展示出来。使用“发现之旅”的总体称号，将过去学校开展的各种主题活动，更名为“体育驿站”“阅读驿站”“心理驿站”“科技驿站”“艺术驿站”。名称的改变是要体现“发现之旅”主题活动课程的特征，将各类学生活动囊括其中。一方面拉长学生概念学习的链条，鼓励学生将某些学习和研究活动继续延伸，不仅要理解、掌握，还要学会展示、交流、辩论，学校活动起到支撑学生学习行为的作用；另一方面，学校活动与学生的课程学习相结合，加深学生对概念的理解，也提高学生课程学习的效率。

“发现之旅”还代表学习方式的多样化。在“发现之旅”实施方式中，我们将学生的“自组织”“报告和展示”的元素加入其中，并通过建立学生活动中心和学习实验室，为学生交互激发式的学习、主题学习等新的学习方式的探索提供空间和技术支持。

“发现之旅”不以高深为目标，而是立足于学生的核心素养培育，让学生发现知识与周围世界的联系，培养学生在生活中思考、探究、创新和实践的能力。通过“发现之旅”引领学生发现身边的自然和社会问题，用恰当的知识和工具研究这些问题，让发现、探索、创新成为学生的习惯。与此同时，通过活动提高教师的教育学术能力，通过课程化设计，设置合适的场景，为学生搭建展示的平台，将课程延展至课外，集成和拓展教学，满足学生的发展需求，促进学生的个性发展和学科素养的养成，激发他们的创新思维，培养他们的抽象思维能力和动手、动脑的实践能力，为学生的未来发展和幸福生活奠定基础。

（三）游学课程

读万卷书，行万里路，古已有之。游学课程的课程目标设定为“以游促学，为教师、学生创造一个体验 、学习和发现的空间，让学生身临其境、走进社会、见证文明、体验文化、体察真知，在实践中探求知识，在发现中促进成长，提升学生的人文素养和文化自信，提升学生对民族文化的亲切感和认同感”。

学校将游学课程的地点定位于历史悠久的文化现场，触华夏神迹，探九州文明。如图 3-5 所示，目前开发了古朴中原和秦风唐韵两个游学课程。

游学课程不同于旅游，支撑游学的不在于游，而在于整体的设计。行前的课程支撑和资源准备，行中的活动设计和交流思考，行后的心得感悟和总结展示，缺一不可。行前手册的编制、游学路线的选择、课程活动的设计，这一切构成了一个完整的课程。问起毕业的学生，高中三年最难忘的是什么？毫不犹豫的答案给了游学，而这毫不犹豫的答案也成为游学课程最美丽的注脚。

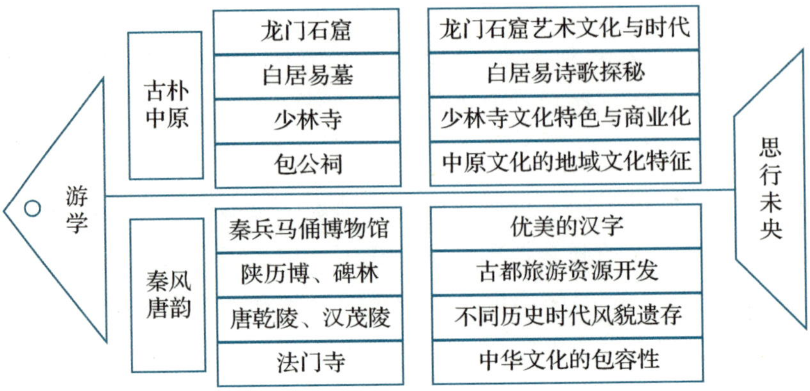

图 3-5　游学课程主题设计

四、研究型课程

研究对于中学生来说，其本质是一种学习方式。因此，对学生研究活动的组织，我校研究型课程建设强调给学生提供机会，完成一个完整的探索性学习过程，尤其是体现学习过程中提出问题、分析问题、解决问题能力的培养。

（一）研究性学习

研究性学习是培养学生学术素养的重要途径，是学生在教师的指导下，从学习生活和社会生活中选择并确定研究专题，用类似科学研究的方式，主动获取知识、应用知识、解决问题的学习活动。

根据人类认识问题的基本范畴以及人类知识的本质，我校将研究性学习的范畴分为四大类别：发现自我、了解社会、探索科学、艺术体验，分别对应身心健康、人文社会、科学技术、艺术审美四大领域。我校通过研究性学习引导学生从好奇心和兴趣爱好出发，从平时的生活和学习环境中发现，产生各种感兴趣的问题和值得探究的问题；引领学生发现知识与周围世界的联系，用恰当的知识和工具研究身边的自然和社会问题，培养学生在生活中思考、探究、创新和实践的能力。坚持以学生为主体，鼓励学生大胆猜想，在着手解决问题前先让学生思考研究计划，包括研究内容、选择方法和安全措施等，从多个角度大胆对活动结果做多种假设和预测。选题一旦评审通过，学生除课题研究之外，还要进行开题答辩和结题展示。

研究性学习有助于学生提高对周围生活和社会问题的关注，发现问题，参与小课题研究，体现专题性和创新性；有助于鼓励学生的自主意识、创新意识和合作意识，转变学习方式，提高学习动机和自我效能感；有助于将课堂学习与现实生活联系起来，激发学生创新探索、自主实践的兴趣，提升团队合作精神；有助于提高教师指导学生探究活动的专业能力，改善师生关系，实现教学相长。

（二）综合课程

1. 生态课程

2014年，学校向北京市提出申请，成功获批设立“北京城市与区域生态实验室”。这是一个以生物、化学、地理学科为主体的跨学科重点开放实验室，可以对区域环境问题进行定性研究，也可以对水体、土壤、大气成分以及有机物样本进行定量分析，还可对相关的生态环境问题进行模拟、控制研究，将获得的第一手研究数据与城市、区域发展相结合，提出可供参考的合理化建议。目前生物、化学、地理学科组拥有1名生态学博士、1名物理化学博士、9名硕士，实验室拥有2名生物学硕士。他们具有坚实的学术背景和教学经验，在生态学、光谱学、计算化学、光化学、土地利用和覆盖变化等多个领域具有优势。基于实验室的硬件条件和教师优势，生态实验室开发了综合课程——生态课程，包括相关基础知识和基本科研技术的课程，以及以水体、大气、土壤等环境为研究对象的研究性学习和综合实践课程。

如图3-6所示，第一级为学科基础素养的培养，包括学科的必备知识、科学研究的基本方法等。学校开设过渡性、基础素养、专业拓展课程，学生根据自己的发展方向和发展需求进行选择性地学习，同时学校也通过讲座、外出等方式对学生进行通识培训。第二级为实践研究和拓展体验阶段，与研究性学习相结合，开设综合实践活动课程。一方面借助科研场馆和资源单位组织学生进行小课题的探索研究，另一方面组织学生通过观摩、科考等活动进行拓展体验。第三级为学生的建言、展示阶段，利用“发现之旅”平台或者其他平台，学生展示自己的研究成果，自己申请、宣传、组织展示活动。

生态课程突出实践性、开放性，将学生带到真实的自然环境中，启发学

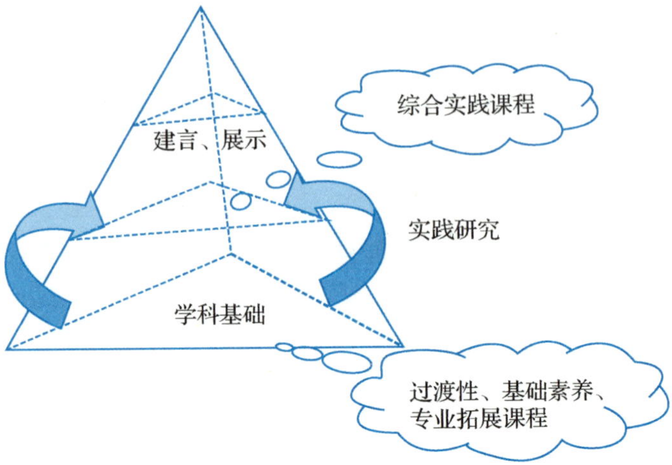

图 3-6 “北京城市与区域生态实验室”课程结构

生发现问题、解决问题，并依托实验室指导学生进行定量分析。学生通过参与课程的学习，获得相关领域的学科知识、实验操作技能，拓宽视野，形成严谨、求真的科学思维，主动交流、分享的合作精神。活动过程为学生提供亲近自然、体验科学研究的机会，帮助学生形成热爱自然、热爱科学的精神。

2. 唐山综合实践课程

在京津冀协同发展的大背景下，学校借力与唐山市第二中学的友好校联系，依托北京师范大学地理学专家资源，充分开发唐山的课程资源，按主题设计以地理学科为核心，历史、政治、艺术等学科共同开发的唐山综合实践课程，设计了煤炭工业、地震灾害、资源型城市发展与转型等主题课程。

唐山综合实践课程通过考察参观、现场调查研究让学生亲身体验研究的过程；通过调查问卷、知识准备、活动方案设计与记录、活动评价等前中后的完整学习过程，让学生亲历知识的发现过程与自我的成长过程，成为一个完整的长链条学习。这样学生不仅获得了知识，更重要的是学习知识的发现过程和思维过程，从而锻炼和培养了学生的思维能力、实践能力和创新能力。以地理为核心的历史、政治、艺术的跨学科综合作业也为学生的综合思维培养、跨领域思考实践提供了更多的切入点。更重要的是，课程化的开发设计避免了参观访问的无序与盲目，为北京市第十一中学、唐山市第二中学两校师生的共同学习研究提供了抓手，真正实现了学习的共通、空间的超越、资源的共享。

综合课程是不同于课堂学习的另外一种学习方式。它将学生置于真实的社会环境中，使其体验实际发生的人际关系、人与社会的关系；它为学生营造了一个逼真的自然实验和社会实验过程，学生可以在一段时间内将自己的思维聚焦于一件事的探索中，在一定程度上从碎片化的学习中脱离出来，完整地经历一个思考的过程，这才是学术素养和思考能力的关键特征。但是，如何为这些不同于课堂教学的学习方式设置目标，如何将学生综合素质评价作为不断提高活动课程和综合课程效果的推动力，系统化地开发、实施、管理这些课程，仍然面临着许多挑战。

五、课程建设效果

课程建设是普通高中发展转型的支点，也是我们这一代教育者无法逃避的历史使命。北京市第十一中学在学术性高中建设的框架下，开始了课程改革的探索，这是一个长期的实践。在短短的五年实践中，我们对课程建设效果的小结，也只是定性地回顾和总结。与学术性高中建设所设定的培养学生学术素养、提高教师教育学术能力两个目标相对应，我们的总结也是沿着学生成长和教师专业发展两个途径展开的。

（一）为每个学生的成长提供支持

学校课程建设围绕核心素养层层拓展，激发学生的兴趣，调动学生的积极性，扩展学生的视野。五大领域课程为学生的全面成长提供支持，同时也为学生的个性发展拓展空间。基础性、拓展类、研究型三类课程的搭建，既为学生提供了基础给养，又为学生搭建了不断深入提高的脚手架，促进学生的自主发展。

作为北京市金鹏科技团机器人分团，我校机器人社团连续多年在国家级和市级机器人大赛中获得一等奖；荣获第30届北京市青少年科技创新大赛一等奖的王鑫同学在接受北京电视台采访时说："作为北京市第十一中学的一员，我完全融入学校的科技氛围中。学校丰富多彩的科技讲座、科技社团、科学考察等活动，大大激发了我提高自己科学素质的积极性、主动性，增强了我探索自然科学奥秘的热情和希望。"同样，多元选择的人文、艺术、体育、实践课程，为学生提供了一份富有营养的大餐。学生根据自己的兴趣特长进行营养结构的自主搭配。比如，学校的合唱团、绘画社并不都是艺术特长生的专利，很多成员都是在艺术选修课中通过选修合唱、素描模块脱颖而出的。学生们说："从小没有学过什么特长，没想到在中学通过选修课的学习发现自己还有艺术天赋，让我又多了一份自信。"2015 年 10 月至 2016 年 3 月，学校分别荣获北京市中小学生创客秀初中组、高中组一等奖，北京市中小学生电子与信息创意实践活动(创意实践部分)现场编程 A 组中学组一等奖；荣获北京市中小学智力运动会国际跳棋中学组第一名；荣获中国少年科学院信息技术金质章 6 枚、银质章 3 枚；荣获"舞动中国排舞联赛"北京赛区二等奖。

此外，一系列学生自组织活动的开展培养了学生自我组织、自我管理的能力，提高了学生的团队合作意识，增强了学生的责任感、勇气和毅力，这些都逐步内化为学生的核心素养，使其受益终身。在每学期学校课程建设的评估问卷中，学生对正在开设的课程的满意率达到 90%，各类课程的满意率分布情况如图 3-7 所示(以 2015—2016 学年第一学期为例)。

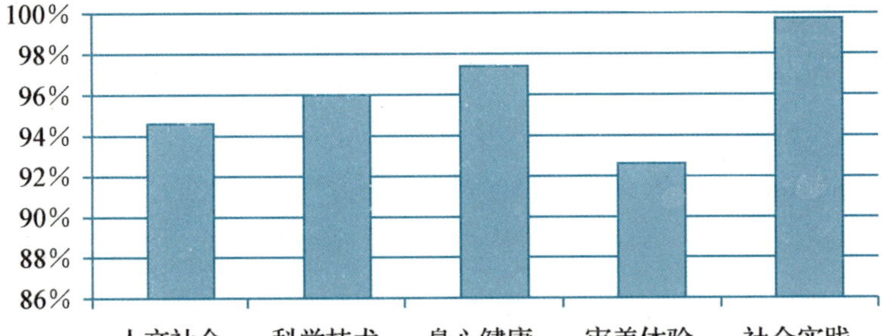

图 3-7　2015—2016 学年第一学期五大系列课程学生满意度调查

其中，学生对于社会实践的满意度最高，这既在我们的意料之中，又高于我们的预期。最初，我们认为现在的学生见多识广，在家庭中受到父母的关注和悉心培养，生活中有很多与父母、亲戚讨论问题的机会，非常容易看到科学文章和评论，假期中有很多旅游机会……我们提供的社会实践机会、研究的问题和方法、游学的地点非常普通，研究的课题也没有多么高深，但是却得到学生们如此高的满意度，说明了学生在社会实践课程中看重的不是新奇的体验，而是不一样的思考和学习方式。

接下来的调查证实了我们的判断。在“你认为校本课程的开展提高了你哪些方面的能力？（可多选）”这一问题的回答中，学生认为校本课程提高了自己对美的体验与表现，提高了自己搜集信息的能力以及社会责任感，这三个能力居首，而这正是我们培养学生学术素养希望达到的目标，如图 3-8 所示。

在未来社会中，人最重要的素质是对美的欣赏和创造力，这也是中国社会消费和产业升级的社会基础。在校本课程、研究性学习、主题活动等不同类型的课程中，学生的审美、表达和组织等能力获得了发展，信息搜集和处理能力也得到相应的提高，这些都是我们进行课程建设的成果。

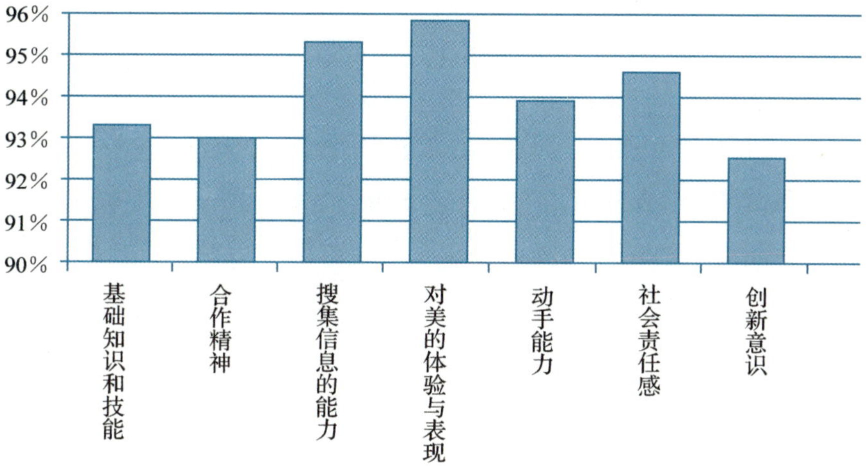

图 3-8　学生报告的校本课程对能力发展的贡献

（二）为每位教师的成长提供空间

学校课程建设的顺利开展，除了教师本身需要有持续创新的精神以外，还需要学校努力创造恰当的气氛和环境，激励教师在岗位上有所创新，而学习型学校建设的长处就在于始终努力建设一个有利于教师创新、有利于教师快乐成长的“场”。在学习型学校建设中，学校积极推进校本研修，创设一切便利条件，充分发挥教师个体创造力和教师群体合作力，整个学校形成了一种浓厚的学习氛围，教师个体的专业水平不断提高，教师之间的互动学习也使学校教师群体的质量不断提升。十年来，学校已有五位副校长成长为校长、书记。

此外，国家课程校本化实施以及校本课程的开发使教师不再是以往意义上的课程执行者，而成为课程设置、编写、实施的组织者、参与者、开发者和研究者。这对教师专业素养和教育学术能力的提升起到促进作用，是教师自我实现的重要途径，也是学校提供给教师自我发展、发挥智慧的最佳空间。要真正担负起课程开发的重任，教师要不断提升课程开发理论与实践方面的能力，把研究与实践有机结合，不断提升自身课程开发与研究的能力，实现专业素养的提升。

多年来课程建设最大的成果之一就是很多教师的课程逐步固化，涌现出了一批具有代表意义的特色课程，深受学生的喜爱。比如，语文组、英语组的赏析系列，历史组的传统文化系列，政治组的“财智青年”，艺术组的“篆刻”“扎染服饰设计与制作”，化学组、物理组的“创新实验系列”，技术组的“国际跳棋”“3D创意”，以及学校联合东城区国际教育交流中心开设的“青年领导力”和“世界公民”课程。这些课程丰富了学科课程内容，充分发挥了教师的专长，促进了教师专业能力的提升，逐步引领教师朝着教育专家的方向发展，同时学校整体学习文化场的建设效果得到更好的体现，学校特色更加彰显。

第四章　学术性高中的课程管理和资源开发

DISIZHANG　XUESHUXING GAOZHONG DE KECHENG GUANLI HE ZIYUAN KAIFA

近十年来，课程的内涵发生着根本性的变化，由此也带来了课程管理的新命题。传统的课程概念是学校提供的教学内容，教师将这些教学内容传递给学生，学生学会这些教学内容，最后通过考试评价学生对这些内容的掌握情况。由此可以看出，传统的课程是以知识为基础的，按照知识体系进行组织的，学生的学习以掌握和复现知识作为目标。目前，课程的概念已经发生变化。一般来说，课程包含：学生需要学会的知识和技能，包括学习的目标和标准；教师教授的单元和章节；作业和学生需要完成的任务；书籍、材料、视频、PPT 和课程中需要的阅读材料；考试、评价和其他用于评估学生学习的方法。

课程内涵的丰富使得教师的工作变得复杂起来。教师不能仅仅满足于知识传递，还需要完成课程再开发的工作，把国家课程标准落实到学校场景中。至于校本课程、活动课程以及综合课程，则是从课程标准到教学过程、教学材料和评价方法都完全需要教师来完成。面对这样一个系统和复杂的任务，单个的教师是无法完成的，学校也不能将课程建设通过行政压力传递给教师，而需要适应课程改革的需要，完成课程管理能力的建构。

第一节　规划课程发展

对于学校在课程开发中的角色，已经有许多学者从不同角度提出并加以阐述。西南大学教育学部靳玉乐教授曾经就课程管理问题发表过若干文章。他提出，课程决定不是某一个人对课程的某一方面做出的决策或者决断，而表现为不同主体多元参与课程的一种互动过程，是这些不同主体对课程的某些活动进行协商与妥协的过程。① 但是，他所指出的参与和协商还主要停留在宏观层面，对于学校层面的课程管理，也主要是提出了校长“课程领导力”以及要从行政模式走向课程管理共同体的概念②。对于校长通过什么途径和方式实施这种领导力，在学校组织层面的思考还暂时未能深入下去。

如何规划、管理学校的课程建设？如何进行课程资源的持续开发？在北京市课程改革已经实施十年后，各个学校面临的问题已经从“要不要”改革，逐渐过渡为“怎么办”的问题，迫切需要从操作层面上进行探索。

一、以“发展性计划”推动课程建设

“发展性计划”是我校对教研计划进行管理的一种分类方法。我们将学科组、年级组的工作计划分为两个类别：常规工作计划和发展性计划。前者是传统的教研组、年级组工作计划，主要是按照教学日历展开的学科、年级工作布置和协调；后者是学科组、年级组以三年为大周期、年度为小周期的课程发展规划和安排。学科组的发展性计划主要针对国家课程、校本课程进行布局和安排开发工作；年级组的发展性计划主要针对活动课程、综合课程进行系统规划和开发。

（一）建立学术委员会推动课程建设规划

在中学，国家课程校本化需要相应的课程管理机制创新。许多研究表明，虽然各级教育行政部门在普通高中课程改革方案中一直鼓励各校立足学情、校情，实施国家课程校本化。但是，这样一个明确的任务却往往由于学校组织不力、课程领导力不足，而陷入停滞或低水平复制状态。学校行政主导的课程建设往往适合“运动式”的发展道路，集全校之力，短期内完成一个任务，就搁置一边，难以将工作建立在日常的、润物细无声的教师学科智慧的内化过程中。由此可以得出，国家课程校本化首先需要解决的是碎片时间、个体努力的集成，而要将个体的、散碎的时间集合起来的有效方式就是用计划来完成。

用计划将大家的时间和精力集成起来，只是“物理”上的结合，还需要有

① 靳玉乐，罗生全．课程决定的权力关系及其运作[J]．教育发展研究，2009(8)：74-78.

② 靳玉乐，董小平．论学校课程领导的范式转型[J]．教育理论与实践，2007，27(4)：44-48.

“催化剂”使教师们的课程开发出现“化学”变化。这个催化剂便是校学术委员会。它由学校各个学科组有声望的教师组成。这些教师大多数有多年的学科组长、年级组长的经验，是学校教师专业发展的标尺。

我校依托学术委员会，以“发展性计划”为抓手，建立起各个学科组、项目组等教师将课程建设总体计划分解为年度计划，并由学术委员会给予咨询、督导的模式。每学年初，各个学科组提交学科教研计划。该教研计划由两个部分组成。一部分是常规教研计划，按照教委、学校工作的常规时间安排，确定学科组的工作计划，提前对工作有所安排。另一部分是“发展性计划”，它要说明未来三年学科组确定的国家课程校本化的方向，当年应该分解哪些工作，然后交由学校学术委员会进行审核和评估。通过知识的管理帮助教师将这些课程创新的“点”系统化，记录和分析，展示和讨论，拓展和推广。例如，在2015—2016学年的学科组发展性计划中，语文学科提出“阅读课程的建设与完善”，数学学科提出“以微课程建设推动学习方式变革”，英语学科提出形成英语阅读课程特色，历史学科提出设计品牌课程“杏坛讲史”，政治学科计划建立学科特色课程资源，体育学科计划打造特色篮球校园，艺术学科计划开发和完善“天坛艺术实践课程”，等等，这些都体现了各学科组以发展性计划的方式推动国家课程校本化的特征。

教师来自不同的学科、年级，空闲时间不同，要按照“集中攻关”的方式进行课程建设是非常困难的。但是，依靠详细的、切块的“发展性计划”，依靠每周教研活动，就能够实现既化整为零，又有整体设计，将“发展”和“常规”教研平衡好。

为了提高校本选修课程的效能，我校积极探索高效的课程管理体制、机制和平台，建立学校校本选修课程申报审议制度、管理制度、培训制度及评价制度，将校本选修课程纳入正式课表，建立专门的学生选课系统，多部门联动，有计划、有步骤地开展动员、指导、组织和实施工作。加强图书馆、实验室、专用教室等设施的建设，合理配置各种教学资源，为学校课程实施提供必要的物质保障。

在校本选修课程建设中，我校还结合办学特色和地域特色，充分利用校内外课程资源，探索以主题为模块的课程，供学生选择。学校毗邻天坛，充分发掘世界文化遗产资源，语文、外语、物理、历史、地理、政治多学科联动，围绕天坛开设走进世界文化遗产跨学科主题课程。借力东校区——文化保护单位药王庙这一优势，建立中医药文化书院，打造传统文化主题课程。

（二）学术委员会督导“友善课堂”建设

课程的有效实施离不开学习方式的改变，只有这样才能充分调动学生的主动性，让学生自主合作地尽情享用课程大餐。我校自 2010 年开始参与“友善用脑[①]”的实验研究，团队学习、多感官教学、思维导图等教学策略的实施以及创设轻松的学习氛围促进学生主动学习，这不仅让学生在学习的过程中体验着快乐，而且也直接助益着学生的成绩。在此基础上，学校推行“友善课堂”的建设，倡导让学生用自己的方式学习，让每个学生都有学习的机会，如果学生无法适应我们的教学方法，那就让我们教会他们以自己的方式学习。各学科组以团队学习、多感官教学、多样化教学形式、思维导图、学案导学、翻转课堂等为抓手，以备课组为单位进行“友善课堂”的探索与实践，使学生转变学习方式，开展自主合作学习，推进课堂教学的不断改善，促进减负增效。自主合作学习基本流程如图 4-1 所示。

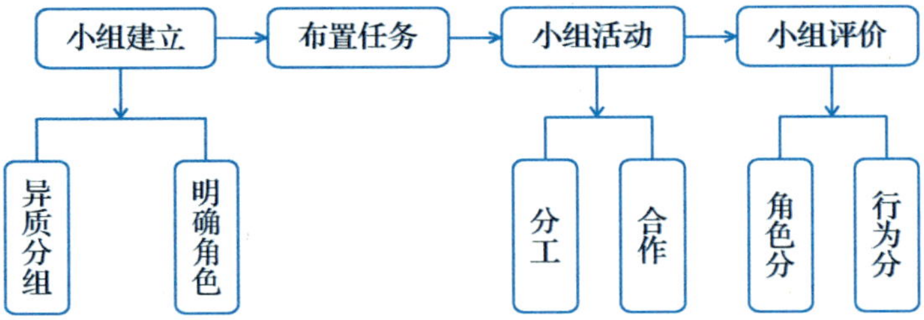

图 4-1　自主合作学习基本流程

对于建立小组，我校采用的是异质分组的方式，在教师布置的学习任务中，让学生采用分工合作的方式，完成学习任务。相应地，评价环节也按照承担的角色和行为进行评价。例如，在语文写作课中，学生的作文是由小组讨论出提纲，汇报提纲，由其他小组进行评论，教师点评，然后学生各自完成自己的写作任务。

---

① 友善用脑是学校参加的一项教学改革实验项目，项目的主要思路就是通过改善学生的学习环境和条件，如随意喝水、友好的师生关系、富有节奏感的教学安排等，提高学生的学习效率。

如果不把技术环节的进步纳入学校日常工作体系中，那么创新和技术进步很容易就停留在展示的层次上，无法真正对日常教学工作发挥出作用。课程和教学方式改革的管理对于我校是一个新的命题，但是我们已经充分认识到，要建设学术性高中，必须探讨对学术活动的管理。因此，在学校整体参加北京市“友善用脑”探索，借助外力推动学校教师参与研究和发展的同时，我们还利用教师专业组织——学术委员会，对学校“友善课堂”的实施进行督导，在2015年进行了两次专门督导，并在2015年9月召开的教育教学研讨会上，发表了督导报告。这是以学术委员会的名义，以调查和评价的方式，对学校的项目工作进行的评价，它体现了学校在课程管理中的多方参与和协调、激发教师及教师专业组织内在的智慧和改革动机的特征。关于学校学术委员会的详细阐述见第五章第一节。

此外，学校还充分利用PAD互动技术推进智慧课堂，推进教学方式转型、学习空间改变、评价方式转型、课堂结构要素改变，打通课内课外，共享海量资源，为学生提供更加丰富的学习对象和学习经历。

二、组织调整保障课程建设

学术委员会的建立，为课程发展管理、课程开发中的协商提供了保证，但是这并不意味着学校行政就此可以“万事大吉”了。实际上，课程发展管理并不是将管理权从行政转移到学术委员会，课程开发中的协商更多地体现教育教学管理部门与学术委员会的双路径治理。学校改革治理结构，设立学术委员会，将学术的力量纳入学校治理体系，将学校教育教学的常规工作与发展性、研究性工作分离，将对教育教学的研究、课程的建设作为一项专门工作加以规划和管理。学术委员会主要负责在调查研究的基础上，通过交流和沟通，审核、指导、监督、评价学科组和年级组的发展性工作计划；学校行政则成立了课程改革领导小组，统领课程改革进程。果淑兰校长任组长，张芊丽副校长任副组长，教学主任和学科组长任组员，共同讨论、研究和部署学校课程改革实施计划，制定并落实实施方案，并对人、财、物等资源如何为课程改革服务进行前瞻性的考虑，提供各种保障，对实践探索进行监督、评价和完善。

（一）扁平化管理和制度建设

对于完全中学，初、高中两个学段之间的融合、协作一直是一个管理难题。建设学术性高中，培养学生的学术素养和终身学习的能力，需要将初中也纳入课程建设的序列中。特别是在最近几年学区制的建设中，北京市第十一中学也并入了一所普通初中，打通培养，这也在客观上要求我们建立初、高中贯通培养的课程计划。

为了满足学术性高中建设培养学生学术素养的需要，为了规划初、高中贯通培养的方案，我校对学校组织进行了调整，打通初、高中教研界限，建立初、高中贯通的大学科组，建立初、高中之间的衔接课程和过渡性课程，同时建立学科完整的课程群，有利于组织和实施跨学段的混龄课程。

在年级组下设立班级组，建立班主任导师制。由经验丰富的老教师指导年轻的班主任从事班级建设工作，探索以班级为单位协同实施课程的方法。同时，班级组还能够建立一个小集体，共同进行班级活动课程开发和主题班会(集体心理教育)课程建设。

在组织调整的基础上，学校还制定、完善了课程实施方案和相关制度，包括《北京市第十一中学校本课程建设方案》《北京市第十一中学德育课程实施方案》《北京市第十一中学研究性学习实施方案》《北京市第十一中学综合实践课程实施方案》等，这些制度和方案规范了学校的管理行为，明确了干部、教师、班主任的工作职能和目标定位，为课程提供了实施依据。学校进一步完善校本课程申报审议、管理、培训、工作流程及评价等相关制度，修订《北京市第十一中学校本课程管理办法》，对学校校本课程建设的背景分析、建设原则、开发指南、审议评估、实施方案进行科学系统的整合。

（二）资金、资源保障

学校为课程建设安排专项经费，用于教师培训、项目研究、硬件更新、课程资源的开发与建设、教材编制和发行等各项工作。

学校建立学生活动中心、学习实验室，为学生自组织活动搭建展示的平台。学校设立多功能教室、录课室、演播室，以及历史、地理、美术、音乐、形体等专用教室。除常规实验室以外，还有一批科技含量很高的创新实验室，包括组培实验室、智能机器人工作室、北京城市与区域生态实验室、气象站、人工气候室等。专用教室和实验室一流的硬件为课程实施、学生活动等提供了充足的资源，为学生个性而全面的发展提供了保障。

学校充分利用校外资源，多角度丰富和拓展课程，提升课程品质。与中国科学院、北京师范大学、首都师范大学、北京教育学院、北京教学植物园、北京市针灸学会、北京中医药大学、天坛公园、自然之友等建立了长期的合作关系，合作开发课程，为学生提供教学基地、实践指导、技术支持、开放实验室等多方面帮助，也为学生提供了更多开阔眼界的拓展类、研究型课程。

学校通过科研引领、引智借脑的方式开展课程实践探索，以国家级课题“学术性高中的内涵与实践研究”的探索实验为契机，开展学校课程改革，进行学校课程的顶层设计，并聘请专家对相关教师进行培训指导，实现课程开发与课题研究的相互支撑与融通。以学校教育教学研讨会为契机，开展主题活动，梳理和总结经验，为工作的深入开展提供参考和支撑。

课程开发是体现教师专业能力的关键指标，也是学校提升教师专业能力的重要“抓手”。在开齐开足国家课程、地方课程的基础上，通过以学科组为单位，实施“发展性计划”，对国家课程进行拓展和重构，学科组在常规教研工作中有了一个课程创新的视阈，教师在整体计划的指导下，日常的“微创新”就能够集结成为“大创新”。通过以国家课程为主体，以学科教材为蓝本，开设跨学科课程、活动课程，在更开阔的领域思考问题，将知识体系与学生生活联系在一起，建立符合学生认知特征的思维链条——发现问题、提出问题、解决问题、用知识解释问题，加强学生所学知识与周围世界的联结。课程的开发和实施，看上去是一个学校的课程管理和规划，但最终从本质上看，这是学校教师专业化发展的规划和实施。

三、顺改革之势推动课程建设

我校是一所完全中学，由于历史原因，初中是从其他学校并入而来的。如何实现初、高中快速接轨，是摆在学校课程建设面前的一道难题。北京市第十一中学作为天永学区的示范性高中，按照教委的部署，接手薄弱初中改造，对口初中学生享有直接升入北京第十一中学的“绿色通道”。如何用改革实现初、高中贯通培养，又成为我校面临的现实挑战。

历史的原因叠加现实的需要，北京市第十一中学仍然采取以学习、改革实现发展的学校文化，主动迎战的策略。学校为此也采取了一系列措施，如打破原有初、高中分设学科组的管理模式，建立大学科组制，进行初、高中一体化的校本研修和管理，形成大循环。这样一来，随着教师和课程的初、高中流动，逐渐实现了资源的共通共享，有利于集体智慧的汇集。

（一）实现初、高中课程一体化

学校在进行课程顶层设计时也打通了学段的壁垒，进行一体化设计。三大类、五大领域课程涵盖了初、高中所有课程，实现了课程的连贯。阅读课程、生涯课程、蓝天博览课程等基础性课程，校本选修课程，研究性学习课程实现了初、高中六年的全覆盖；社团活动、发现之旅等拓展类课程也是全校同时开展，初、高中学生共济一堂，共同学习、实践与展示；生态课程等综合课程的开展都是采取混龄的方式，不同学段、不同年龄的学生在一起研究探索，互帮互助，小导师应运而生。多元化的年龄结构增强了学生的社会交往能力、规则意识，使学生学会关心、分享、轮流、合作、谦让、同情、助人、宽容等社会行为，为学生形成积极健康的个性奠定基础，促进学生的身心健康发展。

随着《北京市实施教育部〈义务教育课程设置实验方案〉的课程计划（修订）》的出台实施，如何充分利用10％的学科实践活动课，是课程改革为学校课程建设创设的更大范围的自主空间。我校以此为契机，再次系统梳理了学校课程建设的脉络，对优化课程体系，创新教育教学方式、评价方式，有了更加深刻的理解。学校统筹安排原有综合实践活动和学科实践活动，进一步加强学科整合，突出主题，充分挖掘学科实践活动的内在价值，为学生创设综合、开放、实践、学术的课程空间。学校突出“整体育人”的基本理念，在基础性和拓展类课程中，挖掘学科特色实践活动，加强学科间的联系和整合，鼓励教师突破学科课程边界，设置跨学科综合学习、主题学习及实践活动，利用各学科实践活动10％的时间在一个学期完成一到三个大主题多学科的整合课程。这一设计并不只是指向初中，而是以此为契机进行整个学校的学科实践活动和综合实践活动的整合与架构。

（二）实现学科间的跨界融合

如果把课程建设比作穿针引线，那么它通过多种穿越（穿越学科、穿越学段、穿越学科知识结构、穿越角色），打破了原有的学科壁垒，为学生呈现了一幅世界的整体画面。从国家课程的校本化实施，到拓展类课程的设计，再到综合课程的开发，无一不体现着学校的课程观。通过跨学科的设计为学生提供了从不同学科看世界的视角，让学生学会用自己的眼光发现世界。这种思维方式的培养软化了冷冰冰的学科壁垒、课堂围墙，让学生在更广阔的世界里自由呼吸。

在时间轴课程"春分·走进春天"中，学生手持"春天的护照"，在天坛公园中找春趣、寻春意。教师们结合季节特点，打破近十门学科的边界，为学生设计了绘纸鸢、蛋儿俏、精测算、抖空竹、滚铁环、春之寻、春之趣、春之色、春之赋、春之意 10 个主题课程，融合多学科知识，在游戏活动中完成了科学、艺术、体育、人文的跨界与综合。这样的主题课程跨越领域，跨越学段界限，打开学校围墙，从多元的视角为学生呈现了春天，让学生自己去发现世界、感知生活，让传统文化的血脉融入学生的心灵，被媒体誉为"走心的课程"。这些"走心的课程"的设计将课堂从教室搬到校园中、生活中、自然中，让学生在实践中学，在玩中学，在快乐中掌握知识。学生们即使离开了校园，这些活动也都深深地留在了他们的成长记忆中。

第二节　课程评价：教师专业"新"能力

科学有效的评价体系和评价方式是课程建设的组成部分，也是优化学校课程品质，实现课程有效实施的重要保障。我校秉承发展性评价的理念，实施过程性的、多元的课程评价，并借助北京师范大学、北京市评价中心的专业力量，开展特色课程的学生评价研究，将特色课程的建设进行动态调整，关注学生的实际获得，关注课程的达成效度。

一、学生课程学习评价

我校依据课程目标和内容，改革评价方式，以学生成长的眼光，开展综合评价、多元评价，从德、智、体、美等多角度开展学生评价，尊重学生的个性发展、自我建构和自主发展。在评价方式上，通过学生自评、互评等形式培养学生的自我认知和合作精神。

在校本化的国家课程、校本必修课程中，学生课程学习评价改革的压力更大，也更加复杂。在校本必修课程的阅读课程中，我校从三个方面进行学生整体评价：一是描述性评价，以阅读手册《书香伴我成长》的内容为主，分析学生阅读阶段计划和阅读收效以及每节阅读课的阅读思考记录和读书感悟，主要采用学生自我反思评价方式，辅以教师对学生阅读投入和深度的评价；二是小组阅读展示评价，依据评价等级水平进行描述；三是收集定性案例，作为评估素材和例证。

对于校本化的国家课程，学校围绕课程目标和学生的认知过程设计评价方案，突出等级评价、评价程序、学生自组织、团队合作与个人角色等。其中，等级评价体现了结构化评价指标下的等级判断，评价程序表明了模糊判断中程序的重要性，学生自组织团队强调了合作的精神，而团队总成绩和个人角色的划分又很好地体现了团队与个人的关系，有利于培养学生多方面的能力。

自 2013 年以来，按照我校实施国家社科基金课题“学术性高中的内涵与实践研究”的安排，我校在高中一年级进行了较全面的课程、教学方式的改革。学生评价方式改革不仅是课程和教学改革的组成部分，而且评价方式直接体现了课程和教学方式改革的目标。因此，我们决定利用期中考试的自主权，制定了《北京市第十一中学期中自主考试及评估办法》。以下以人文综合课程为例，说明过程性评价、团队评价和学习品质评价在评价改革中的体现。

《人文综合课程——民主制度》测评方案

导言：

人文综合课程的课程内容是将历史和政治知识按照从古到今的方式结合起来，试图让学生发现人类的政治和社会生活的长期演变过程，用历史观解读现有制度的合理性，培养学生发现、思考和解释的能力，逐步树立政治生活的历史观。本次测试立足于学生的“经验—分析—发现”的认知过程，测试学生分析思考的过程，使学生能够积极主动地以批判性和创造性的方式运用思考技能来识别和处理复杂的问题，并做出理由充分、合乎伦理的决定，从而更好地去理解、认识、解释和评论其周围的世界。

一、测试结构

课程测试部分由两个环节组成：论文和展示，分别占总体评价的60%和40%。

论文——命题论文(字数要求：1000～1500字)。由教师根据学生日常学习的范围，拟定3个题目，学生任选其一完成。论文部分的评价标准见评价细则。

展示——以辩论会的形式进行展示。由教师根据日常学习的范围，拟定2个题目，供学生选择。学生通过小组协作的方式完成辩论。关于小组的划分：学生自愿结组，6人为一个小组，选定辩论题目，小组内部进行分工协作，要求形成一份书面的展示计划单，其中要求包括小组具体分工和每个人的责任。展示部分的评价标准见评价细则。

二、测试组织

1. 测试时间

在学校统一的期中考试结束后，利用2周的时间在课上完成。其中1周为学生准备时间，1周为集中展示时间。

2. 测试内容

(1)论文题目

①如果苏格拉底生活在罗马，而且他仍旧按照在古希腊的方式生活、交往，他会不会被处死？试对比希腊民主制度和罗马法律制度，从定罪依据、审判程序和审判结果三个方面进行分析。

②现代美国民主制度的核心要素有哪些？哪些要素来自古罗马传统？哪些要素来自古希腊传统？如果只有雅典民主的要素会怎么样？

③政治学者普遍认为，中国自从秦汉以来实行的都是中央集权的政治制度。中央集权的政治制度的核心要素有哪些？带来的主要问题和主要优势有哪些？如果汉武帝未能解决“王国问题”，他在之后50年的统治中会面临哪些主要的问题？

(2)辩论题目

①关于民主选举——独立参选人能否通过努力实现政治目标？

②政治制度中的联邦制和单一制，孰优孰劣？

3. 测试要求

①学生根据历史情境的创设，学习综合运用历史学知识，通过迁移、联

想、对比等手段内化历史知识，认识现实问题，梳理已有知识与现实生活问题之间的内在联系。

②用政治学的眼光看待历史的发展变化，从历史学的演进认识政治制度的变迁规律。在学习中跨越学科的界限、古今的界限，构建自己的认知框架，形成自己的认知模式。

4. 评价方法

论文——由教师按照评分标准实行双向平行计分。评分标准相差不大(在1之内)，则平均处理；差异较大(大于1)的评分则由学科小组集体评定。

展示——按照抽签的顺序分多次进行。由教师按照口头表达评分标准实行双向平行计分。评分标准相差不大(在1之内)，则平均处理；差异较大(大于1)，则参考学生评价结果进行评定。学生也抽签参与对其他学生的评价。在正常情况下，学生的评价只是帮助他们理解评价过程。在教师意见相差明显时，可以参考学生意见。

5. 评价细则

(1)关于学生论文的评价

对学生论文进行评价，采用国际上通用的主观性结构化论文评议方法，由教师根据定义好的评价标准，对论文进行各个维度的评价。

为了提高论文评价的一致性水平，要求教师先明确评价标准的操作性定义，再浏览所有学生论文，最后阅读每一篇论文并进行评价。

表 4-1 学生个人论文评价表

得分维度 \ 分数	0	1	2	3	4	5	单项得分	平均得分
知识运用程度								
事理分析程度								
认知生成程度								
逻辑条理程度								
综合协调程度								

注：平均得分为各项成绩乘以相应的权重后的相加之和。知识运用程度乘30%；事理分析程度乘20%；认知生成程度乘20%；逻辑条理程度乘20%；综合协调程度乘10%。

对评价表中各个评价维度的定义和说明如下。

①知识运用程度：考量学生是否运用已有的知识联系实际问题。

未涉及已有知识——0；简单涉及已有知识——1；大量涉及已有知识——2；简单运用已有知识——3；大量运用已有知识——4；注意历史与政治知识的结合运用——5。

②事理分析程度：考量学生对实际问题的分析是否清楚、明白。

分析混乱不清——0；分析较清楚明白——1；分析清楚明白——2；分析清楚明白，简单联系已有知识——3；分析清楚明白，与已有知识联系较恰当——4；分析清楚明白，紧密联系已有知识——5。

③认知生成程度：考量学生在知识联系现实的过程中是否有自我认知的生成。

未提出自己的观点——0；提出自己的观点——1；提出自己的观点，简单联系已有知识和现实问题——2；提出自己的观点，与已有知识和现实问题联系较恰当——3；提出自己的观点，紧密联系已有知识和现实问题——4；提出自己的观点，体现已有知识与现实问题的结合——5。

④逻辑条理程度：考量学生在论述中是否运用知识得当，条理清晰，逻辑正确。

逻辑条理混乱——0；逻辑条理较清晰——1；逻辑条理清晰——2；逻辑条理清晰，运用知识较合理——3；逻辑条理清晰，运用知识合理——4；逻辑条理清晰，运用知识合理并注意与现实结合——5。

⑤综合协调程度：考量学生在完成论文的整个过程中对于各部分内容的综合把握程度。

论文整体混乱不清——0；论文思路较清晰，结构较完整——1；论文思路清晰，结构完整——2；论文思路清晰，结构完整，论点较突出——3；论文思路清晰，结构完整，论点突出，论据较丰富——4；论文思路清晰，结构完整，论点突出，论据丰富——5。

(2)关于学生辩论会的评价

①基础分数＋个人分数的评价制度。

辩论会上的小组得分为基础分，小组成员可以获得小组得分的50%作为基础分；个人在辩论中的表现为个人分。两者相加即为学生的展示分数。

②小组分数包括资料的丰富程度、辩手的发言情况等方面。

表 4-2　小组展示部分评价表

分数 得分维度	0	1	2	3	4	5	单项得分	平均得分
资料准备程度								
展示设计方案								
语言表述能力								
小组协调能力								

注：平均得分为各项成绩乘相应的权重后的相加之和。资料准备程度乘 30%；展示设计方案乘 30%；语言表述能力乘 30%；小组协调能力乘 10%。

对评价表中各个评价维度的定义和说明如下。

对学生辩论阶段的表现进行评价，采用对小组的表现而不是对个人的表现进行评价的方法。评价标准仍然是结构化的主观标准，由教师根据定义好的评价标准，对展示环节的各个维度进行评价。

①资料准备程度：考量学生在展示前的资料准备情况。

资料匮乏——0；资料较充实——1；资料充实，比较贴近主题——2；资料较丰富，比较贴近主题——3；资料丰富，围绕主题——4；资料很丰富，主题明确——5。

②语言表述能力：考量学生的语言表达能力。

语言贫乏——0；语言较生动——1；语言生动、较丰富——2；语言生动、丰富——3；语言生动、丰富，并且较准确——4；语言生动、丰富、准确——5。

③小组协调能力：考量学生的团队协作能力、协作学习的能力。

测评最后，由小组各成员发言，阐述自己在小组活动中对小组的贡献，由学生不记名打分，教师根据学生的展示和学生自己的发言给予评价。

未参与——0；被动参与，不积极——1；被动参与，积极协作——2；主动参与，积极配合——3；积极参与，协调小组工作——4；带领小组，贡献突出——5。

二、学生综合素质评价

活动课程、综合课程在课程开发中占据重要地位，在学生发展中也占据重要地位。学生在这些活动中的表现和特征，是学生兴趣、个性特征和社会情感发展的极好展示。因此，在活动课程、综合课程、研究性学习中如何开展学生综合素质评价，就成为学校课程建设和教师课程实施过程中，需要发展的新能力和新制度。

（一）北京市对学生综合素质评价的要求

自 2007 年起，北京市推出《北京市普通高中学生综合素质评价方案（试行）》（京教基[2007]16 号），提出在实施普通高中新课程过程中，要建立发展性评价机制，实行学生学业成绩与成长记录相结合的综合评价方式。

北京市的综合素质评价方案将学生发展目标分为基础性发展目标和学科学习目标。其中，基础性发展目标包括道德品质、公民素养、学习能力、交流与合作能力、运动与健康、审美与表现等；学科学习目标是指各学科课程标准列出的本学科学习的目标和各个学段学生应该达到的目标。发展指标是依据国家现代化建设的人才需要对高中学生提出的拓展性发展要求，是学生在共性发展的基础上体现个人与众不同的个性发展目标，即学生根据自身的生理、心理、知识、能力发展的特点自主选择发展的内容，立足于走入社会后的竞争能力。它包括个性特长、有新意的成果及其他自主选择的内容。

从评价方式上来看，北京市的综合素质评价方案提出了学生本人、教师、同学和家长都是高中学生综合素质评价的主体，以体现评价主体的多元性，保证评价结果的有效性。在评价方法的使用上，也强调多样化。既重视观察、访谈、论文式测验等定性评价方法的使用，又不能忽视纸笔测验、评价量表等一些定量评价方法的使用；既重视社会实践、实际操作等评价方法的使用，又不能忽视模拟实践、情景测验等评价方法的使用；既重视使用以等级表示评价结果的方式，也不能忽视用数量表示评价结果的方式；既重视书面评价、口头评价方式的使用，也不能忽视情感的、行为动作的评价方式的使用，以取得最佳评价效果。

从以上关于综合素质评价的方案中可以看出，方案给出了一个非常宽泛的标准，在操作中具有非常大的自由操作空间。按照目标多元、方式多样、过程与结果并重的原则，建立综合性的、动态的学生成长记录手册。通过观察、交流、实践操作、作品展示、学业成绩考核等方式，以及自评和互评相结合，全面反映学生的成长历程。这是还处于探索阶段的评价制度改革所应该具有的开放性。

（二）学校落实综合素质评价的方案

北京市的综合素质评价方案对于评价标准、评价方法和评价方式等技术规范做出了更多的说明。但是，对于学校来说，还要解决的一个核心问题就是，评价所立足的内容和场景环境是什么？换句话说，综合素质评价要依据学生在某个场景中的表现来判断学生的基本发展目标和学生的个性特征，那么多样化的评价主体从哪里寻求学生的表现呢？

从国际上来看，无论是大学招生还是社会的人才判断标准，总体上和我国目前所倡导的“全面而有个性”的理念一致，但也有明显的差异。在发达国家，社会推崇“独特的经历（unique experience）”以及对某件事的“激情（passion）”，这时经历和激情就直接指向特定的事件和活动。“个性”，从字面意思上来看，容易给人“特立独行”“与众不同”等印象，并不指向特定的事件和活动。“发展性目标”对个性进行了进一步的解释，是指学生根据自身的生理、心理、知识、能力发展的特点自主选择发展的内容，立足于走入社会后的竞争能力。然而，这种定义方式又容易将个性理解为“特长”。

由此可见，对于客观性的竞赛和考试，能够通过上传这些结果表明学生的发展性目标，但是对于主观性的评价，“个性”还欠缺场景对其内涵进行具体化。如果不提供场景，教师对学生的综合评价就容易在模糊的状态下进行，这给教师以极大的道德压力，同时也不利于教师评价能力这一重要的专业能力的提升。因此，在帮助教师进行综合素质评价时，为教师提供具体的评价场景，在这个场景中，学生的激情和特长得到展示，教师便记录和评价这个展示的过程。

“发现之旅”主题活动课程，是我校提供给学生展示自己的激情和特长的舞台，也是教师进行学生综合素质评价的场景。每一学年开始之前，学校发布当年“发现之旅”各个驿站的主题，并要求相关科目的教师参与并记录、评价学生的表现——它不仅包括特长，更强调对待一件事的激情、参与的热情。

“发现之旅”的驿站展示，不需要教师为此做出额外的准备。准备工作是常规性的，研究性学习每时每刻都在进行，学科组“发展性计划”也在日常教学工作中随时进行。“驿站”只是一个展示的平台，而不是额外的任务。例如，到了“科技驿站”的时间段，物理、化学、生物等学科展示；“读书驿站”则是文科和艺术学科的展示时间等。教师在组织学生开展各种探索和体验的展示活动时，还给学生提供自我组织、自我展示的机会，让他们体会组织推广和表达自我的体验。教师要在活动中对学生的各种表现和展示资料进行评价和分析。

以下是我校在“发现之旅”、游学活动等活动课程中，为教师提供的学生综合素质评价表。这种结构性的表格为教师的评价活动提供了概念框架。教师以北京市提供的普通中学综合素质评价指南为依据，结构性的表格则为他们搜集资料，形成对学生的恰当评价，提供了信息和概念积累。

我校依据《北京市普通高中学生综合素质评价实施办法(试行)》，确定了思想道德、学业水平、身心健康、艺术素养、社会实践和个性发展六个方面评价内容。评价体系及实施细则如表4-3所示。

表4-3　学生综合素质评价表

评价内容	评价指标	权重	分值	呈现	实施细则
一、思想道德(30分)	参与团(队)、班级活动及班级、校级等服务工作表现情况	20%	6分	分数	学生将班级、校级活动内容录入我校特有的“家校合作学生成长记录项目”平台，通过自评或他评的形式对学生在活动中的表现进行评价
	参与班级活动(参加天安门广场升旗仪式，走进国家博物馆、首都博物馆、抗战纪念馆等)情况	20%	6分	分数	参加“四个一工程”参观后，学生完成《“四个一”实践学习任务单》
	参加“三爱、三节”等主题教育活动的表现情况	20%	6分	分数	对于在“三爱、三节”活动中表现突出的同学给予表扬，并在“我爱我家评比”中进行个人展示
	参与志愿服务活动的主题、次数、时长和表现情况	20%	6分	分数	学生将志愿活动的主题、次数、时长记录在《青春驿站——北京市第十一中学志愿服务手册》中
	遵守《中小学生日常守则(2015年修订)》和《北京市中小学生行为规范(2016年修订)》的表现情况	20%	6分	分数	根据《中小学生守则(2015年修订)》和《北京市中小学生日常行为规范(2016年修订)》，制定《北京市第十一中学德育手册》，规范学生在校行为，对于严重违反校规校纪的同学给予行政处分

续表

评价内容	评价指标	权重	分值	呈现	实施细则
二、学业水平(30分)	课堂表现、作业完成等日常学习情况	20%	6分	等级	针对学生日常学习情况给予相应的等级评价
	学业水平达到学业质量标准情况	20%	6分	等级	依据期中、期末检测成绩给予相应的等级评价
	课外阅读的主题、数量、体会、交流和展示等情况	20%	6分	等级	结合“书香校园”阅读工程对学生阅读的主题、数量、体会、交流和展示情况进行综合评价
	参加学科实践活动的主题、时间、次数、承担任务和表现等情况	20%	6分	等级	根据学生填写的学科实践任务单完成情况进行评价
	研究性学习的主题、次数、表现和成果等情况	20%	6分	等级	依据学生选题、开题、研究过程和研究成果进行等级评价
三、身心健康(30分)	《国家学生体质健康标准(2014年修订)》测试数据	25%	7.5分	分数	每年11月对学生进行体质健康测试，将测试数据录入《国家学生体质健康标准(2014年修订)》测试系统
	学习掌握至少两项体育运动技能情况	25%	7.5分	等级	自八年级起开设游泳课和球类课，要求每人会游泳，每人掌握一项球类(足、篮、排)技能，并进行技能考核
	学期发展目标制定与应对困难和挫折等情况	25%	7.5分	等级	根据学生心理健康档案、生涯导航课程成绩，通过自评或他评的形式对学生在活动中的表现进行评价
	在学习和生活中人际交往与合作的表现情况	25%	7.5分	等级	根据心理健康档案对学生进行心理健康状况、学习适应性状况测试，“青苹果课堂”作业评定等级
四、艺术素养(30分)	参与市、区、学校以及社区、乡村文化艺术活动的表现情况	50%	15分	分数	记录学生参与市、区、学校以及社区文化、艺术活动的次数、过程和效果等，并录入“家校合作学生成长记录项目”平台
	学习掌握至少一项艺术技能，特别是传承中华优秀传统文化方面的艺术技能表现情况	50%	15分	分数	通过艺术课堂教学、校本选修、社团活动、艺术节展示等主要渠道，至少掌握一项艺术技能，并能在不同范围内进行展示

续表

评价内容	评价指标	权重	分值	呈现	实施细则
五、社会实践（22分）	参与市、区社会大课堂基地实践体验的次数、时间、成果及心得体会等情况	55%	12分	分数	依据社会大课堂（蓝天工程）学生填写的学案情况进行综合评价
	参加学校、家庭和社区劳动实践的次数、时间、技能表现、成果及心得体会等情况	45%	10分	分数	依据《北京市第十一中学发现之旅评价方案》对学生参加体育驿站、科技驿站、艺术驿站、读书驿站情况进行评价；学生在家庭、社区的劳动实践情况登记在《青春驿站——北京市第十一中学志愿服务手册》上并最终录入"志愿北京"平台
六、个性发展（20分）	在文学、科学、体育、艺术等自己感兴趣的领域参与活动、付出努力以及成效等情况	60%	12分	分数	将学生在文学、科学、体育、艺术等方面的参与情况录入到"家校合作学生成长记录项目"平台，每次活动1分
	获得校级及以上荣誉及成果的情况	40%	8分	分数	将学生校级以上的获奖情况录入"我爱我家评比"中，市级每项3分、区级每项2分、校级每项1分

注：综合素质评价赋分是北京市新的招考制度改革的统一要求，高考分数包括综合素质评价162分，体育40分，文化课378分。

北京市普通高中课程改革已经实施十年，课程内容和教学方法的创新也逐渐从拔尖创新走向开放创新。但是，随着改革的深入，教育界越来越形成共识，即改革考试评价制度才是课程改革的真正推动力。近年来，中高考方案的试点工作已经展开，但从国际经验来看，高考和中考的分数在人才选拔中仅仅起到门槛的作用，大学和高中真正参考的是第二轮筛选中使用的学生特长、兴趣和上进心。然而，尽管北京市于2011年就发出了进行普通高中综合素质评价的实施方案，这些隐含的学生素质难以用合理的手段获得可靠的数据，由此导致学生综合素质评价的工作一直没有明显的进展。随着国务院《关于深化考试招生制度改革的实施意见》（国发〔2014〕35号）的实施，我国迎来了考试评价研究的高潮，对综合素质评价的探讨也必将开启新的阶段，把一般意义上的理念、技术深入场景中的操作方案，完成系统化的建设。

第三节　课程资源：创生共享

课程建设并不是一蹴而就的工作，也不是毕其功于一役的工程。既需要设计和开发课程，也需要为课程提供源源不断的资源，让三类课程不断焕发活力，增强课程的丰富度，增大学生的自主发展空间，提升学生的核心素养。课程资源的开发与利用，并不是"捡到篮子里都是菜"，也不是应付一时的权宜之计。需要有整体的眼光和可持续发展的意识，从学校课程发展的整体架构和实施方式出发，通盘考虑，优化设计，从而形成教育的合力，优化教育的效果。

一、分门别类确立适切的课程资源开发策略

课程资源的开发和利用的价值导向，是为学生提供品德形成与人格发展、潜能开发与认知发展、身体与心理发展、艺术审美、综合实践等方面的多种学习经历，丰富学习经验，帮助学生实现知识传承、能力发展、积极情感形成的统一。不同类别的课程，培养学生的落脚点不同。因此，也就具有了不同的课程资源开发策略。

对于基础性课程，学校着力创造性地实施，处理好统一性和选择性之间的关系，充分发挥学科组功能；根据国家课程总体要求和学生的个性差异，细化教学目标，实施有差异的校本化教学；关注学习方法和学习能力的培养。

对于拓展类课程，积极挖掘学科和教师资源，形成多样化特色的课程菜单，为学生根据自己的兴趣分领域提供可以选择的各类课程资源。

对于研究型课程，努力开发社会资源，组建以专家为指导、本校教师为主体的课程导师团；同时积极发挥学生在资源开发中的主动性，引导学生从好奇心和兴趣爱好出发，从平时生活、学习环境中发现，产生各种感兴趣的问题和值得探究的问题。

二、课程资源建设助力学生主动探究

如果说信息技术的发展促进了教学方式的变化，那么今天的 PAD 教学、

微课、翻转课堂，则促进了学生学习方式的变革。面对信息社会和信息来源的多样化，教师不再是知识的权威，而是要为学生寻找、筛选和提供更加有效的课程资源，提供有针对性的引导和指导，为学生的主动探究学习提供空间和条件，让学生在发现问题、确立问题、解决问题的活动中亲历探究过程，体验发现的乐趣，体验成功的快乐。从这个意义上来讲，学生学习方式的变革和课程资源的开发自然就融为一体了。

在学校“友善课堂”的建设过程中，语文学科组的自主阅读，数学学科组的微课程设计与实施，英语学科组编写的“Feast of Vocabulary(词汇盛宴)”，化学、地理、生物、政治学科组的学案导学，物理学科组的创新实验，历史学科组的“杏坛讲史”，技术组的3D创意，等等，都在为学生建立可供选择的课程资源库，为学生的主动探究和自主学习提供资源和技术的支持。从传统的一支粉笔一节课到PPT、多媒体进入课堂，课程资源变得更加鲜活。文本的课程资源变成了动态的课程资源，语言表达变成了影像呈现，这一切的改变引导着学习方式的变化，因为鲜活的课程资源为学生提供了话题，提供了探究的空间。

三、建设校内外教育基地

在基础性和拓展类课程校本化实施的过程中，引入校外教育基地资源，可以弥补教材中的不足，丰富教学内容，提高课程实施质量。例如，物理、化学、生物、地理学科组设计的走进大学实验室、走进科技馆、走进污水处理厂、走进天坛公园定向越野，历史学科组策划的走进国家博物馆，语文学科组策划的走进故宫，等等，这些走出学校、走进社会大课堂的课程都将课堂延伸和拓展，成为课堂教学的有益补充和辅助，让学生近距离地与知识接触，为知识学习提供真实的体验。

在研究型课程中，通过探究活动的设计、组织和引导，引领学生在实践探究活动中开展课题研究。学校充分利用生态实验室这一硬件资源，开发设计生态课程，将野鸭湖湿地生态课程、松山林场科考、鹫峰科考等课程从原有的创新人才项目培养的综合实践课程发展成了学校跨学科的科学普及和探索课程，向区域开放共享资源，辐射增效，让更多的学生受益。

教育基地课程资源的开发促进了学校和教师在教育观念上的改变和创新，使教师树立起大课程资源观，突破校内教育资源的局限，积极挖掘校外教育基地的课程资源并使之服务于课堂教学，为学生、教师、学校的共同发展提供了一个新的平台。与此同时，教育基地课程资源的有效利用，满足了学生多样化发展的需要，为提高实践能力、形成个性特长、进行职业选择搭建了平台，丰富了学生的学习经历，改变了学生的学习方式。

课程是学校发展理念的集中体现，也是我校进行学术性高中建设的主要立足点之一，我校虽然在课程建设(第三章)和课程资源(第四章)方面进行了初步的探索，但是反思学校课程改革与建设的实践历程，面对新形势我们愈发地感到课程建设没有终点，还有很多亟待思考和解决的问题。

第一，加强核心素养对学校课程建设的指导作用。虽然学校的育人目标以及课程建设目标早于核心素养的提出，但在指向上却存在明显的一致性。新的课程改革为学校课程发展的未来提供了一张蓝图。如何将这张蓝图与学校实践有机结合，还需要在实践中不断地验证和回答。

第二，加强学科课程群的建设。学科课程面临着诸多挑战，从国家课程的校本化实施，到学科特色课程的开发，建设学科品牌，提供优质的课程供给是学科建设的重中之重，也是面对新的考试评价改革必须直面的挑战。

第三，加强教师课程能力的提升。不断提升教师课程开发、实施、评价能力，充分发挥教师在课程建设中的重要作用，加强教师团队建设，集合集体智慧，将智慧雪球越滚越大。

第四，加强评价在课程建设中的关键杠杆作用。以质量监测评估作为推动学校课程建设的抓手，进一步发挥学术委员会的发展性指导作用，在将过程评估进一步体系化的基础上，加强发展结果的评估，包括对特色课程的评价以及学生发展评价。

从茫然困惑的摸索到坚定自信的前行，在课程实践中，虽是一路充满挑战，却恰恰助推了学校内生变革力量的不断发展、壮大。在课程发生的所有地方，都有故事，都有思考，都有前行的航标。对学生的一生负责，这是我们的使命，也是我们共同的追求。

第五章　学术性高中的教师专业发展

DIWUZHANG　XUESHUXING GAOZHONG DE JIAOSHI ZHUANYE FAZHAN

北京市普通高中课程改革实施十年了，课程改革的技术路线从精英学校的“点”上的创新，逐渐走向开放的、普遍的、多样化的创新。其中，一个核心的问题逐渐浮现出来，即课程改革的持续推动力在哪里？2014 年，国务院关于深化考试评价制度改革的意见在国家层面上为课程改革提供了推动力，以高考“指挥棒”引导地方和学校转型，但是宏观政策环境的变化传导到学校这一微观组织，并引起持续的变化，还需要学校内部管理做出调整，以适应课程改革的需要。

第一节　学校内部管理改革与学校专业组织建设

在课程改革的背景下，如何进行学校内部管理调整？

与宏观政策相比，学校内部管理属于微观层面，但是学校内部管理仍然包括许多不同的内容。实际上，有学者从不同的角度阐释课程改革背景下的学校内部管理问题。例如，从课程规划的角度，学校进行课程规划的价值就在于反映校际间的差异性，体现学校现状的不同，包括学校的地理位置等外部环境，也包括学校在整个学校系统中的地位和声誉等社会资源。学校课程规划需要立足学校的综合实力，对课程开发的理念和目标、组织保障和实施方案做出安排。① 有的研究指向校长的课程领导力，提出课程改革实践中一个突出的矛盾是，课程改革总是停留在宏大的叙事风格中，大家都对未来进行理念和图景描绘，却没有哪个专家能够真正说清应该怎么做，这就要求校长

① 靳玉乐，董小平．论学校课程的规划与实施[J]．西南大学学报(社会科学版)．2007，33(5)：108-114.

要填补这个空白，解决课程变革的执行难题。校长的课程领导力不是什么铁腕推动，而是在学校具体的场景下，向上对接宏观课程变革与执行及教师课程执行力的概念，向下植根于课程变革与执行微观层面，如关于学校课程设计、课程开发及其实际操作层面的研究，充当连接宏观与微观的中层介质。①

一、课程研发与行政管理

学校校长要充当宏观与微观之间的介质，其实面临着两个功能的重叠：一是行政体系，主要执行上级布置的任务，以行政权威推动执行，其特征是服从及执行；二是研究和发展体系，主要是根据学校的发展规划，持续推动课程建设。从微观来看，课程研发的执行主体仍然是各个教师，但是仍然以行政权威推动教师课程研发，其内在矛盾不言而喻。行政管理以执行为目的，教师按照行政命令进行课程研发，就会存在“你说什么，我就做什么”的现象，这种工作方式不存在研发，实际上课程开发由领导来定，这显然是不可能的；要么，就需要给教师自由，由教师按照专业理念和标准来进行创造。

研究和创造性工作与科层制管理的不适应问题，在企业管理研究中已经非常充分。随着课程改革开始进入学校层面，如何管理创新工作也成为学校内部管理面临的问题。学校课程的开发、实施和评价是一项专业化极强的工作。对专业人员专业活动的管理，不能靠严密的组织制度和有力的行政约束。许多学校试图通过行政体系下的教科研处来领导课程研发工作，实施结果多能够实现“点”上的突破，即“举全校之力”完成标杆性课程研发的工作。若要可持续地开展课程开发和创新，行政推动的成本则过于巨大。因此，在课程改革深入学校以后，学校面临着行政化的组织结构与课程研究功能之间的巨大不适应。

课程改革进行到学校，学校组织所具有的科层体制、松散结构都有可能成为课程改革实施的阻力与障碍。为了保证课程改革的顺利实施，对学校组织结构进行变革，向着有利于学生学习，有助于提高教师教育学术能力的方

① 刘宗南．论中国课程变革与执行理论的应然走向[J]．当代教育科学，2013(24)：3-7.

向转型，既是单个学校需要接受的挑战，也是整个学校体制深化改革的动力。[①]

二、学校组织架构中的专业组织

新的课程改革是一个极为复杂的系统工程。从宏观层面来看，课程改革的根本目标是坚定而明确的。对于这一点，无论是国家还是教师和家长，都具有高度的认同。但在操作层面上，课程改革中的许多具体问题，专家和管理者都不是十分清楚。校长在课程改革工作中经常感慨，一线教师在工作中提出了无数个“怎么办”，却很难找到能真正回答的专家。怎样搭建理论、原则与现实问题之间的桥梁？

（一）关于课程改革实现机制的研究

关于教师实践性知识的特点告诉我们，课程改革中所需要的知识是一种半结构化的、严重依赖学校场景的知识。这意味着专家和管理者所具有的一般性知识和信息很难指导教师在具体教学和课程改革中的具体问题。其中的鸿沟就是一般性知识与嵌入型知识之间的差异。而这种差异，有学者提出用“自上而下”与“自下而上”的合作型文化来解决，需要进行教师教育变革，帮助教师成为变革的主体[②]；也有学者认为需要变革学校管理模式，将学校建设成为专业组织，以适应课程改革的需要[③]。

这些研究分别从知识特征、学校文化和组织管理角度解释课程改革难题的原因，但是关键的问题仍然是“怎么办”的操作性问题。

西方发达国家对于教师变革的研究，也从对个体、对培训的重视，走向对学校组织以及学校治理制度的研究。以号召学校变革著称的加拿大多伦多大学教授迈克尔·富兰(Michael G. Fullan)，以教师是一个道德职业为前提，提出解决方案，立足教师专业性的不足，认为教师教育机构不能将教师看作教育改革中的落后者，要改革教师教育机构，并推出了影响中国师范教育改

① 钟晨音，刘迎春．基础教育课程改革与学校组织变革[J]．浙江师范大学学报(社会科学版)，2007，32(6)：96-100.

② [加]迈克尔·富兰．变革的力量[M]．北京：教育科学出版社，2004.

③ 陈大超．论新课程背景下的学校管理模式转型[J]．教育科学，2003，19(2)：46-48.

革的“大学—学校伙伴计划”。该计划看似非常自然而简单，就是“建设它，它才会来(if you build it, they will come)”的战略。用迈克尔·富兰的话说就是“自下而上”的改革。不要等待体系变革，用“大学—学校伙伴计划”将教师的职前教育与职后的教师专业发展结合起来，个体的努力和小组织的变化交织在一起，就会产生突破。①

与迈克尔·富兰的理想主义和道德职业前提相比，另一位以研究教师著称的美国教育学者安·利伯曼(Ann Lieberman)则表现出非常强烈的现实主义色彩。她提出了关于教师职业特质的命题，认为教师职业具有明显的专业孤独特征，教室就是教师的领地。教师在教室中“独当一面”，但在学校管理中有无助感。教师角色的冲突在教师职业生涯中反复出现，这在一定程度上可以解释教师对于行政管理体系的任务和命令的抵制行为。② 学校组织与教师教学行为是内在不一致的。安·利伯曼的研究成果让社会看到了课程改革与学校组织方式之间的关系。

在20世纪80年代，美国卡内基基金会《国家为培养21世纪的教师作准备》《国家处于危险之中》的报告发布后，发达国家出现了教育改革的热潮，对教师职业和教师专业化的研究也达到了一个高峰。研究成果的快速积累与实践进展上的缓慢，加剧了社会对教育的不满和对教师的不信任，也增加了教师的职业压力。时隔20年，经济合作与发展组织在归纳主要发达国家的改革经验基础上，于2012年出版了《为21世纪培养教师和学校领导者》。这个题目与20年前的题目相似，但增加了学校领导者。首先，这说明课程改革已经被普遍认为不仅仅是教师个体能够决定的，学校的课程领导力已经得到关注。其次，学校领导力的核心是课程规划、目标管理、评估、协调社会关系的能力，而教师专业能力的关注点也从设计和选择教学材料走向以评价为基础的教学设计，以及现代教育技术在教学过程中的应用。纵向研究的结果让我们意识到，或许教学实践仍然没有产生令人满意的显著效果，但是社会共识程

① Michael G. Fullan. Why Teachers Must Become Change Agents[J]. Educational Leadership, 1993, 50(6): 12-17.

② Ann Lieberman & Lynne Miller. The Social Realities of Teaching[J]. Teachers College Record, 1978, 80(1): 54-68.

度已经形成，即学校组织、学校领导力和教师个体之间的协整，以及评价和现代教育技术的应用。

对教育质量的关注引发了全社会对于教师和教育问题的持续讨论。在这个过程中，学术界对于学校组织、教师职业有了更深的认识，特别是加深了对教师的微观行为与学校组织行为之间关系的认识。这有助于推动教师和课程改革的关系研究，让课程改革从感召和阐述美好目标，逐渐走向体制和机制问题的探究，而这个机制要解决的核心问题就是怎样将单个的教师组织到学校的整体战略中去。

（二）建立和完善教师专业组织

有很多国外学者对中国教师的教研制度非常羡慕，认为中国教师的组织化程度更高一些。在学校内，教师分属于各个学科教研组；在学校外，教师还分属于各个学科的教研体系。这是学科专业发展的一个重要渠道，曾经在保证教师教学质量，提高学科教学专业化水平方面做出巨大贡献。

然而，在课程改革的背景下，教研员、教研室制度都面临着做出调整和改变的压力，需要完成三种转变：①从执行教学政策走向发展地方课程政策；②从研究学科教学走向研究课程发展；③从实施"以考代管"走向研究质量监测。[①] 这些转型均指向教研员传统功能存在的缺陷，即有些教研员仅仅关注自己的学科领域，注重"教什么"与"怎么教"的研究与指导。只有教材的概念，而没有课程的概念。经常组织考试，注重统考的权力，却缺乏质量监测的意识，将考试结果的分析和反馈报告作为基于证据的、具体的教学改进建议，促进教与学的改进。

我们的本意并不是讨论教研室制度，而是说明学校组织在将劳动的个体性非常强的教师纳入学校课程规划方案时面临的制度环境。推行普通高中课程改革，无论是北京市的政府文件，还是学术研究，都提出学校进行课程规划的重要性，让学校课程真正体现目的性与计划性，促使教师思考课程标准、评价、教材与教学设计的一致性问题。但是，教研室还处于转型之中，摆脱学科教学的固有轨迹面临的困难，要比学校进行跨学科探索，进行整体课程

① 崔允漷．论教研室的定位与教研员的专业发展[J]．上海教育科研，2009(8)：4-8.

规划还要困难。教研室指导学校科学地制定《学校课程整体规划方案》，从长期来看是教研室的职责所在；从短期来看，教研室还很难发挥这样的作用。因此，学校内部建立教师专业组织，将教师的创造性和专业性整合在学校课程整体规划中，就成为必须完成的任务。

在第四章，我们曾经提及学校内部专业组织建设不能简单地通过在行政体系上建立教科研室来完成。如果将该组织依附在行政之上，那么它不过是更加扩大了的行政部门而已。教师仍然是在执行行政命令，而不是自主研发课程，没有解决学校整体课程规划与教师个体之间的关系。因此，北京市第十一中学是在行政体系之外，建立教师的专业组织。这个组织不是行政部门，不是学校任命的干部，而是学校有专业影响力的教师组成的协商、咨询和评价组织。它组织学校内部的课程建设和教学方法的“对话”，这就是我们自己的学术委员会。

三、学术专业组织的建设过程

萌生组建学术委员会的念头，是在启动课题研究后。我们深知教师的学术研究和持续的专业发展，如果仅凭在学校内建立一个教科研处，实际上仍然是一个秘书处，无法起到学术协商和交流的作用。不仅如此，科研处还会由于在学校的行政系列中不能像教学、德育那样始终处于学校工作的优先地位，而产生行政内部的协调成本。因此，我们决定学习大学的做法，建立一个学术委员会。

（一）学术委员会的构成和功能

学术委员会不是一个行政部门，这一观点已经在我校形成共识。许多学校在实践中，从不同的角度认识到中学学术委员会独立于行政体系之外的意义，如学术文化、教师专业精神等①；有的学校从“去行政化”的角度，探索给教师“赋权”对于教师合作学习的意义②。这些不同的探索都在说明在普通高

---

① 邰亚臣．寻找失落的学术精神——以北京第十五中学的学术重建为例[J]．中小学管理，2011(1)：12-14.

② 李树民．谈去行政化背景下的中学学术委员会——以校本课堂观察的实践研究为例[J]．教育导刊，2012(6)：55-56.

中，学术委员会不同于行政职能的意义已经逐渐被认识。

1. 学术委员会的构成

我校学术委员会的构成，和许多学校一样，由大学科组中有影响力的教师组成，体现基于教育学术研究的力量。学术委员会由 9 人组成。其中，专任教师 6 人，班主任 1 人，中层行政干部 2 人。

2. 学术委员会的功能

学术委员会的职责是组建时要考虑的另外一个核心问题。近年来，虽然有许多高中都建立了学术委员会，但是由于它还是一个新的尝试，对于中学学术委员会的职能，并没有形成共识。参考大学学术委员会的职能，对照普通高中的实际情况，有两个主要的发现。

第一，大学学术委员会负责学术事务的管理，统筹行使学术事务的决策、审议、评定和咨询等职权。① 具体来说，就是负责知识提供的标准（课程设置）、课程审查和教师评定资格。从这个意义上说，大学作为一个知识生产和传递的场所，其知识评价和管理的功能非常多，由此决定了学术委员会在大学治理中的重要地位。

第二，学术委员会的职责和角色是不断演进的。在确定学术委员会拥有学术管理的权力后，在普通中学课程改革的场景下如何确定学术管理的空间、方式和程度都需要不断探索。不仅中国大学如此，即使在学术委员会制度比较成熟的美国大学中，也是在 20 世纪六七十年代后，才逐渐明确了学术和行政、董事会之间的治理关系。因此，以演进、信任、合作的态度与学术委员会一起不断尝试和探索，是学术性高中建设无法避免的一条道路。

在课程改革的背景下，在普通高中转型的要求下，普通高中知识创造的任务开始出现并不断增加，这在客观上成为许多高中建立学术委员会的原因。然而，普通高中知识创造的任务毕竟不同于大学，但独立于行政体系之外，拥有自己管理学术事务的权力，已经成为共识。

在参考大学学术委员会功能定位的基础上，普通高中的学术委员会也应该聚焦课程建设决策、审议和咨询。从字面上来看，似乎已经很明确了，

① 别敦荣．大学学术委员会的性质及其运行要求[J]．中国高等教育，2014(8)：27-30.

但在已经运行多年的行政管理课程、教学的体系中，在什么地方设置一个“切口”，以什么方式让学术委员会进入学校课程决策、管理、咨询中，还不是字面上的功能定位所能够解决的。在这个过程中，既要解放思想，突破思维束缚，又要大胆开拓，不断完善和健全学术委员会的运行机制，新建或调整学术委员会与学校行政部门，以及与教师年级组、学科组之间的关系。以演进的态度看待普通高中学术委员会制度建设，是务实和探索精神的反映。

以下是根据学术委员会秘书记录的材料，整理出的一篇学术委员会“炼成记”。从中可以看出大家在探索中不断厘清概念和工作方式、作用空间的过程。

学术委员会主席的疑惑

（2015 年 3 月 16 日　星期一）

第一届学术委员会主席是语文组的老组长刘老师。他对于学术委员会主席的岗位非常看重，认为这是对教师专业力量的认可，一定把开局做好，否则对不起这次行政与学术对接的机会。刘老师的发言反映了教师们还是很看重以专业力量参与和影响学校发展的。

接下来，在行政干部与学术委员会的沟通中，委员们提出了问题：学术委员会的权力是什么？怎么体现？从字面上来讲，负责学校课程建设的咨询、审议和评估。但是，具体做些什么，学校行政也不是很清楚。教师们提出的问题，既有传统行政文化的不足，总是认为学术委员会的职责是行政赋予的；也有知识和见识的不足，毕竟行政和学术委员们都没有经历过。当然，学术委员们对探索过程不习惯，总想一开始就把所有的机制和方式界定清楚。

回顾刘老师的发言，他实际上提出了关于学术委员会的角色、职责履行方式的三个问题。

第一，学术委员会的权力。学术委员会有权吗？也有，也没有。学术委员会是在学校发展中引入的另外一个力量，主要负责学校内知识的生产（课程研发）、知识传递方式改进（教与学的改革）、课程发展方向的把握。它体现的是现代学校治理中多种视角相互融合的特点。所以，它非常有“权力”。学术委员会决定学校学科发展的方向，提出学期学科建设的意见。但是，知识创造的特点是激发教师们的主动性、创造性，学术委员会不具备行政体系所拥有的“管理权”，毕竟研发和教学探讨并不是教师们的“义务”。

第二，学术委员会行使权力的方式。学术委员会负责对课程研发方向、研发成果进行决策、审议和咨询。这些权力与行政权力行使的方式有什么不同？通过什么方式行使这些权力？

从性质上来看，学术委员会的权力体现为学术的感召力和认同的力量，而不是强制和控制。举例来说，刘老师对教师拖堂非常不满，教学处也三番五次强调教师要履行“友善课堂”的理念，但是两者行使权力的方式是不同的。学术委员会委员没有权力批评或者惩罚教师，那是教学处的责任。如果刘老师想涉足该事务，他就要提请学术委员会表决，是否将教学常规规范作为学术委员会本年度工作的内容。如果列入学术委员会年度工作内容，那么在具体工作方式上需要委员们用一周的时间，选择固定的时间观察，统计拖堂状况，向全体教师发布调查报告，引起教师们的重视，同时向校行政提出教学管理重点的建议，建议学校行政纳入学期工作重点。那时，学术委员会再按照统一的部署，承担相应的责任。由此可见，学术委员会是用证据、用道理、用专业性行使权力的，这与行政权力存在本质的不同。

第三，学术委员会的奖惩。与学术委员会行使权力的方式相对应，学术委员会对课程研发成果进行评审的成果，应该采取“只奖不惩”的方式。“奖”说明教师做出的创新会得到制度性的鼓励，而“没有做”或者“做不好”并不是教师没有完成任务。因此，“不惩”是普通高中学术发展的激励机制。

学术性高中建设将创新和研发的任务带入普通中学，学校管理也从常规管理走向常规和研发并行的阶段。学术委员会出现在学校管理中，一定会重构我们原来的理念，在学校发展中，构筑新的动力机制。

第二节　学校治理结构改革

在学校课程建设中，我们深刻地感受到改革学校治理结构的重要性。在课程建设的过程中，课程评价是最大的难题。教师的专业素养及实践性知识使得教师在面对课程时最游刃有余的是课程的实施，而对课程评价往往会表现出无所适从。为了解决这一问题，在指导性理论与教师微观探索之间，就要搭建一个桥梁，引导经验研究。这一桥梁需要具有专业权威性，同时又能充分发挥协调沟通的功能。这个桥梁就是学术委员会①。

一、教师专业组织建设的类型

多年来，通过提高教师学历、在职培训，我国在教师队伍建设中进行了多种探索。我校从“十五”期间建设“学习型学校”开始，就一直在进行教师专业组织(共同体)的建设。按照教师专业组织建设的动力来源与机制特征，可将这些探索归纳为三种类型。

第一，人格型教师专业组织。“特级教师工作室”是跨校组织的教师专业组织。它依赖特级教师的专业能力、人格魅力，组织教师进行专业探索。“特级教师工作室”的运行没有行政约束，完全依靠任务本身和特级教师本身的号召力，是一个人格化的专业组织。

第二，感召型教师专业组织。在我校“学习型学校”建设中，我们以培养有助于教师学习和探索的“场”为切入点，以提供共同学习的工具和标准为手段，推动教师的有组织学习活动②。在此类教师专业组织建设中，虽然气氛和文化等“软”性管理手段仍然居于主要地位，但是共同学习工具和标准的提供，使教师专业组织建设的手段趋于理性，非人格化的特征开始出现。

第三，学术型教师专业组织。在我校学术性高中建设中，我们以课程改革为背景，以学科组、年级组“发展性计划”为切入点，以学术委员会与学科组、年级组协商、交流基础上的“学科发展规划”的制定、实施、评价为手段，推动教师有组织、有计划地开展研究活动。在此类教师专业组织建设中，虽然学术委员会的推动方式、奖惩方式都与行政有根本差异，但是，“学科发展规划”的制定、实施和评价等，都体现了教师专业组织建设的理性和专业性，这是一套专业和学术管理的模式，是非人格化的运行机制。

---

① 韩延伦，葛明荣．新课改背景下学校管理面临的问题及其调整[J]．教学与管理，2006(16)：12-14.

② 果淑兰．学习型学校建设之路[M]．北京：北京出版社，2015：34-39.

从人格化的教师专业组织建设，到以程序、标准和规划为特征的教师专业组织建设，我校对学术性高中的探索也逐渐从理念、内容走向环境、机制。在学术性高中，学生培养的内容、方式和环境的变化，背后要有一个不同的支撑体系，这就是教师学术组织运行机制的发展。

二、教研组“发展性计划”的引入

学术委员会对学术事务的管理机制，需要在具体的事务中外显和体现出来，才能落实为学校整体的行为规范。在落实的过程中，课程建设自然成为课程改革背景下引入学术委员会管理机制的“抓手”。

（一）“发展性规划”运行机制

“发展性规划”是相对于“常规性计划”而提出的。教研组、年级组，作为学校中教师的工作单元，每学年、每学期都要制订自己的计划，这个计划往往是学校整体工作和教学常规工作在教研组和教师个体层面上的分解。

在课程改革实施的过程中，普通高中的转型和持续发展都需要教师个人和教师组织将一部分时间用于课程研发和校本化改造，这需要在常规的教研和教学工作上，增加对这部分“发展性”工作的管理。过去，我校和许多学校一样，也曾经通过建立教科研室来推动这项工作，但是对于教科研这种长期性、持续性、专业性程度较高的工作来说，教科研室能够发挥的作用往往仅限于课题组织工作，而对于课题研究的过程和课题研究成果的落地，教科研室没有影响力，也没有专业引导能力。如何在学校中建立持续的、有专业引导和咨询功能的机制去推动教师进行持续的、系统的，而不是片段的、碎片化的探索呢？我们想到的机制是“学术委员会＋发展性规划”。

首先，“学术委员会＋发展性规划”的机制是规划制订方式。在课程改革背景下，学校要制订学校课程建设规划，综合规划需要落实到学科组和年级组中，但是学校整体的课程规划不是“自上而下”命令式的，而是由学科组、年级组提出自己的三年课程规划。从规划形式上来看，它是“自下而上”集结、综合形成学校整体的课程发展规划的。

其次，“学术委员会＋发展性规划”的机制表现为课程规划制订过程的规范化。学科组、年级组在制订发展性规划时，需要广泛地征求大家的意见，不能以学科组长或者年级组长的意志代替大家的想法。汇集出来的学科和年级课程规划，需要集体和学术委员会进行交流和咨询。经过学术委员会审议的规划，才具有实施和递交学校的合法性。

再次，“学术委员会＋发展性规划”的机制表现为课程规划的实施过程的监测和评估。被批准的课程和年级规划，在实施过程中，学术委员会根据当初的规划内容、步骤和成果约定，审议这些规划的实施情况，并提出自己的阶段性成果和实施过程改进建议。

最后，“学术委员会＋发展性规划”的机制表现为课程规划的奖励机制。在实施过程结束后，学术委员会根据当初的规划和最终成果的质量，对规划质性情况进行评价，选出优秀成果提请学校行政进行奖励。在每学年开始时召开的教育教学研讨会上，学术委员会还对年度学科组、年级组发展性规划的实施情况进行报告。

“学术委员会＋发展性规划”的机制体现了“自下而上”的规划方式，也体现了协商、集结共识基础上的规划实施管理模式。这些集结教师群体智慧和组织力量的方式，在过去学校管理中，无论是科层式管理还是文化管理，都未曾遇到的新模式，也是我校在学术性高中建设中最突出的特色之一。

（二）“发展性规划”实施过程中的问题和不足

与所有的管理实践一样，再完美的方案设计在落实中也会遇到许多问题。回顾三年来的实施过程，主要有四个问题。

1. 学术委员会对学术共同体功能的理解

在组建学术委员会，实施学科组发展性计划的过程中，我们遇到的问题并不是我们设想的各个环节(制订、实施和审议)之间的衔接等技术问题，而是包括学术委员会委员在内的内心认同问题。学术委员们对自己是否有资格、有能力对学科组、年级组提出规划进行讨论。委员们心中明白，讨论、交流是没有定论的，只是利用自己的经验，大家互相激发，在讨论中凝练共识，这是学术共同体的一个重要职能。但是，在实施过程中，委员们内心还是希望自己更多地以权威的面目出现，是指导者而不是对话者。因此，他们会对自己的指导能力不自信，希望自己通过培训或者经验学习，从外界获得信息或经验，帮助自身提高指导能力。

2. 学科组、年级组的课程发展规划能力

我们在推动学科组分别制订“常规工作计划”和“发展性规划”之前，再三解释分开制订的意义、规划和计划的差异以及规划的组成要素。然而，学科组、年级组在制订自己的“发展性计划”时，仍然面临诸多的不适应。“发展性规划”应该包含确定发展方向，厘清建设任务，分解任务，确定阶段性目标和最终目标，完成任务的条件和挑战，等等。许多学科组和年级组罗列了要做的事情，但对目标和方向的把握往往与要做的事情混为一谈，由此带来的问题便是目标、任务、技术方案与最后的结果之间的内部一致性很弱。

虽然我国一直实行多层级的“发展性规划”，但是学校层面上的课程规划能力，特别是学科组、年级组的课程发展规划能力非常弱，这可能是教师的工作一直被高考和教学大纲捆绑，自由度很小的原因。也正因为如此，学科组、年级组学习制订自己的发展规划，在教师专业共同体建设方面的意义要超过课程规划本身的意义。

3. 教师工作特性与发展性规划之间的内在矛盾

虽然我校号召学科组、年级组将“常规工作计划”与“课程规划”分开制订，但是，教师的工作仍然呈现非常强烈的“常规性”特征，用教师自己的话说就是“拉磨、转圈”，以此来比喻日复一日、年复一年，即使用发展性规划区分了常规性和发展性工作，教师行为上的转变仍然需要学校在教学管理上长期的坚持，直到将发展性工作的规划和实施变成一项常规性工作。我校建立发展性规划管理和评价机制，就希望借助学术委员会，将发展性工作“编织”到日常工作中，以逐渐改变教师的工作行为。

4. 职业精神中的“追求完美”与探索的阶段性之间的矛盾

教师职业是一个教人向善和追求真理的职业，由此形成教师职业文化中“追求完美”的特征。因此，学术委员和教师都希望自己研究的内容和教师专业共同体建设能够一蹴而就，难以接受知识演进、过程成果的概念。实际上，教师进行的探索过程是不可替代的，而结果是可以通过购买或者“拿来”的方式获得的。科学的知识观强调探索的过程，从而促进认知过程的改变，而每一个探索都只是一种“进化”，没有真正完美的结果。

以上问题有些是必然的磨合问题。当一个新的工作机制引入工作流程后，教师和学术委员会的委员们都有适应并常规化的过程，也有心理和观念的适应问题，这些都需要发展性规划的运行机制长期运行，用制度和技术造就心理和观念的进步。

三、推动学校发展的力量

按照管理学的说法，组织的存在就是要借助组织内部的架构和治理机制，将组织的整体目标分解为个体能够处理的任务。彼得·德鲁克(Peter F. Drucker)在《公司的概念》一书中，就以通用公司为例，说明了大规模的、多样化生产组成的公司如何依靠权力分配、技术管理和物流管理，实现了巨型企业的系统化和高效率。那么，学校作为一种社会组织，当引入学术委员会后，发展的动力来源是什么？这个动力是如何传递的？

第一，行政推动的力量。学校作为一种社会组织，在深化教育体制改革的目标下，各级政府对课程改革、考试评价的推动和探索，始终是学校不断创新和改进的原动力。实际上，正因为政府推动各个学校制订学校课程规划，北京市第十一中学才会借由规划落实多样化发展以及教育转型，探索“自下而上”的规划方式，落实学校课程规划。

第二，学术协商的力量。教师是专业人员，有着强烈的学术气质。虽然北京市第十一中学的教师被誉为“厚道、踏实”，非常拥护学校的行政管理，但是，服从无法激发教师内在的动力。学术委员会体现了协商、自主的理念，也体现了学术委员会组织大家进行互助式交流的学术力量。我国虽然还比较缺乏相互讨论和交流的学术气氛，但是教师专业组织作为一种力量引入学校，我们已经体会到学术协商所产生的不一样的力量。

第三，微观创新的力量。以往在学校规模较小、教学工作的常规化程度较高时，学校行政与教师个体之间可以借助人际交流，将任务分解到教师个体，教师微观努力与行政任务对应，信息交流的效率还能够保证体系运行。现在，当学校行政面临课程研发这样一个持续时间长、专业性很强的工作之后，行政与教师个体之间的信息交流效率过低，而借由学科发展性规划，就能够把每个教师的努力“编织”到学校的整体目标中，保证将教师个体的微观创新力量“集结”在学校整体的发展规划中。

学术委员会定位于教师专业发展的支持性组织，负责在调查研究的基础上，向学校行政提出教育教学管理的年度工作重点；通过交流和沟通，审核、指导、监督、评价学科组、年级组发展性工作计划；组织开展与教师专业发展相关的学术活动；推荐优秀学科组、年级组和教师，等等。学术委员会是学校在课程建设中重要的协同和沟通机制，因为学术委员会的加入，学校的课程管理不再是命令与执行的模式，而是对话和沟通式的、能够激发大家去创造的管理模式。

学校课程管理的“常规”由学校行政负责，“发展”则由学术委员会负责，学科组和年级组制订发展性工作计划，由学术委员会组织交流，并按照阶段组织沟通和评估，其管理方式是沟通、协调和系统化的自组织管理。利用发展性计划，学校将课程的评价、发展纳入学术管理的轨道，沟通大于监督，咨询重于评价，互相激发好于外部推动。在学校整体运行机制中，“刚柔相济”构筑了新的治理体系。

从行为激励的角度去看待学校治理体系可以发现过去二十多年中小学教育的巨大变化。20 世纪 90 年代，市场规范曾经在教育领域占据主导地位。学校要给教师发放数目繁多的奖金以激励教师完成相应的工作，由此导致中国教育界“乱收费”沉疴，长期治理无效。直至近年来，随着治理“择校”和推行学区制度，才彻底解决了“乱收费”问题。这也带来了教师激励的缺失，于是“道德感召”“文化认同”成为目前学校普遍使用的激励手段。如果说之前学校奉行的是“市场规范”的话，那么现在更多的是在使用“社会规范”。

重建社会规范的道路非常漫长，需要通过组织规范来实现向个人社会规范的过渡。它有强制性的成分，学校要制订综合的课程发展规划，也需要各学科、年级的课程建设作为支撑。从学术委员会提出的第二次评估方案(附录二)中可以看出，强制性还很强；但是，它也有职业精神、学术自主等社会规范在发挥作用。它激发教师们内在的专业认同和创新动力，用大家“聚沙成塔”的方式，让每个人都看到了“合作”“创造”的美。

附录一：

学术委员会章程

第一章 总则

第一条 为促进学校适应教育教学改革的需要，规范学术委员会建设和探索过程，完善内部治理结构，保障学术委员会在学校创新、教师专业化发展中有效发挥作用，特制定本规程。

第二条 学校应当设立学术委员会，健全学校上级管理、学校行政管理和学校知识管理组成的学校治理架构；学术委员会统筹行使学术事务的决策、审议、评定和咨询等职权。

第三条 学术委员会应当在学科建设、学术评价和学风建设等事项上发挥重要作用，积极探索学术委员会在学校教育教学改革中的作用途径，为学术委员会正常开展工作提供必要的条件保障。

第四条 学校制定的学术委员会章程具有探索性和开创性。学术委员会的组成、职责，以及委员的产生程序、增补办法，会议制度和议事规则都处于不断完善中。

第二章 组成规则

第五条 学术委员会由学校不同学科组、年级组具有较高声望和经验的教师组成，教育、教学应当平衡。

学术委员会由9人组成。其中，担任学校职能部门党政领导职务的委员2人，专任教师6人，班主任1人。

学校可以根据需要聘请校外专家担任专门学术事项的特邀委员。

第六条 学术委员会委员应当具备以下条件：

(一)遵守宪法法律，学风端正、治学严谨、公道正派；

(二)在学科或者德育领域具有良好的声誉和经验；

(三)关心学校发展，有参与学术议事的意愿和能力，能够正常履行职责。

第七条 学术委员会委员由校长聘任。

学术委员会委员实行任期制，任期一般可为2年，连任最长不超过2届。

学术委员会每次换届，连任的委员人数应不高于委员总数的2/3。

第八条 学术委员会设主任委员1名，可根据需要设副主任委员1名。主任委员可由校长提名产生。

学术委员会设立秘书，处理学术委员会的日常事务；学校保证学术委员会的运行经费需要。

第三章 职责权限

第九条 学术委员会委员享有以下权利：

(一)知悉与学术事务相关的学校各项管理制度、信息等；

(二)就学术事务向学校相关职能部门提出咨询或质询。

第十条 学术委员会委员须履行以下义务：

(一)遵守国家宪法、法律和法规，遵守学术委员会章程，坚守学术专业判断，公正履行职责；

(二)勤勉尽职，积极参加学术委员会会议及有关活动。

第十一条 学术委员会负责学科组、年级组发展性工作计划的审议、沟通、监督和评价，应当对学校交由学术委员会审议的事项做出决定：

(一)学科组、年级组发展性工作计划由常规和发展性计划两个部分组成，常规工作由教学部门安排，发展性计划在学术委员会通过后，由学科组、年级组按照计划安排和实施；

(二)自主确定教学管理和德育管理重点，建议学校行政列入工作计划；

(三)教学成果、教师奖励的评价标准及考核办法；

(四)学校认为需要提交审议的其他学术事务。

第十二条 学校实施以下事项，涉及对学术水平做出评价的，应当由学术委员会或者其授权的学术组织进行评定：

(一)学校教学研究成果和奖励，对外推荐教学研究成果奖；

(二)需要评价学术水平的其他事项。

第十三条 组织学校学术活动。在教师专业发展活动和学年教育教学研讨会上，学术委员会对研讨会主题提供建议，并进行主题发言。

第四章 运行制度

第十四条 学术委员会实行例会制度，每月至少召开1次全体会议。

第十五条 学术委员会主任委员每学期初召集和主持学术委员会会议，确定学术委员会的工作计划。

第十六条 学术委员会议事决策实行少数服从多数的原则，重大事项应当以与会委员的2/3以上同意，方可通过。

学术委员会对学科组、年级组发展计划的审议，要体现对学科组和年级组的帮助，以沟通和交流为主，对于学期必须做出的评定事项，一般应当以无记名投票方式做出决定，奖励优秀但不惩罚。

学术委员会确定工作议题，应当由委员们提出，经过无记名投票，选择1～2个重点设计方案，向学校行政提出建议。

第十七条 学术委员会会议在对学科组、年级组计划进行审议和交流时，设立旁听席，允许相关学校职能部门、相关教师列席旁听。

学术委员会做出的决定应当予以公示，并设置异议期。在异议期内如有异议，经1/3以上委员同意，可召开全体会议复议。经复议的决定为终局结论。

第十八条 学术委员会应当建立年度报告制度。每年度对学校整体的学科发展、教育质量等进行全面评价，提出意见、建议；对学术委员会的运行及履行职责的情况进行总结。

学术委员会年度报告应提交年度教职工代表大会，或者提交年度教师教育教学研讨会。

附录二：

关于对各学科组本学期“发展性计划”实施“二次评估”的方案（草稿）

一、方案的由来

今年(2015年)3月17日，在校大礼堂召开了我校首次学科组学期“发展性计划”的对话交流会，语文等5个学科组组长汇报了本组本学期“发展性计划”的要点，并回答了学术委员会相关委员的问题。会后，学术委员会在第一时间作出决议：在本学期期末之时，“通过审阅各学科组递交的相关总结(主要是成果展示)文字，做出本学期对该工作的第二次评估(注：第一次评估已于5月28日顺利结束)，并从中选出优秀成果”。

二、实施“二次评估”的细节

（一）评估时间

2015年暑期教育教学研讨会或新学年（2015—2016学年）开学之初的全体大会。

（二）评估程序

1. 向学科组下发有关“二次评估”事宜的通知（注：此通知若逢暑期，则期末布置；若逢新学年，则开学之初布置）。

2. 由各学科组自我申报参与“优秀成果”评估活动，并提交相应的“成果”展示材料，用电子稿形式在规定时间内放置在学科组长本人的校内共享存储盘上，并第一时间通知刘幼东老师。

3. 学术委员会通过审议，确定“展示材料”的合规性（确为“一次评估”汇报的成果）、合理性（确是可称之为“成果”的内容性），并形成初步评选意见。

4. 确定会上发言的顺序。

5. 学科组组长会上陈述并当场回答有关专家及学术委员会相关人员的问题。

6. 召开学术委员会会议（注：出于回避原则，有申报行为的兼学科组组长的委员不参与最终评估），讨论并做出最终的评估。

7. 将最终评选结果汇总后呈交学校行政。

（三）评估要求

1. 各组申报的“成果”，要充分体现多数学科组成员、受益者学生的实际意愿和感受。

2. 申报材料重在陈述成果的实效性，因此，除文字以外，还需辅之以必要的照片或实物。

3. 申报材料的发言时间须控制在8分钟之内（注：根据申报组数的多少，此时间可做调整）。

（四）评估标准

1. 需得到本组多数组员的认可和接受后才执行。

2. 确实使绝大多数学生从中受益。

3. 该成果具有可持续性，而非短期效应。

三、亟待解决的问题

第一，建立必要的评估奖励制度，即此次评估是否给予一定的物质奖励。若有奖励，大约有多少，并需事先告知各学科组组长。

第二，具体评估形式和时间需尽快确定下来，以便于后面工作的顺利展开。

校学术委员会

2015.6.25

【评论】

这个评估方案的行政“味道”还是很浓的，程序上的要求也与行政要求基本类似。但是，毕竟学术委员会迈出了第一步。现在还不是评价学术委员会完美地发挥作用的时候。学术力量代表了学术事务自治的力量，虽不成熟，但具有无限空间。

关于学术与行政的边界，也是该评估方案草稿中未注意到的问题。学术委员会只负责评估，推荐优秀教研组。我们从纯粹的工作开展情况进行评估，不考虑奖金的多少，以保证自己的角色是中立的，不考虑评估标准之外的东西。所以，评估结束后，我们把结果交给学校，我们的任务就算完成了，至于学校奖励多少，是行政的事。从市场规范、行政规范到学术规范，我们需要走的路还很长……

附录三：

北京市第十一中学学术委员会与学科组交流对话会会议记录——地理组

时间：2015年5月18日10：30～11：15

地点：6号楼图书馆视听室

参会人员：果淑兰(校长)，曾晓东(教授、外部委员)，张芊丽(常务副校长)，王萌(委员、校长助理)，蔡葆元(委员、教师)，李建东(委员、教师)，刘萍(委员、教师)，谷凤芝(委员、地理组长)，杨静(教师)，张雄英(教师)

秘书：董晓莉(教师)

会议内容：学术委员会与地理组交流对话会

学术委员会主席刘幼东老师：地理组学期计划中提到以研究性学习和校

本课程为突破口，探索地理教育新思路，逐步形成地理组特色的研修课程和校本课程。我们想了解一下你们在这段时间做了什么尝试。

谷凤芝：主要从三个方面来说，重点是课程开发。

第一，常规工作。

我们以备课组为单位推进校本研修的专业化和规范化；做到了期中命题的科学性、试卷分析的地理特色；在常规工作中寻找学科发展的亮点。发展性的工作是，推进“友善课堂”，关注课程改革；加强队伍建设，提升教师专业化水平。

我们的工作分为两个角度。一是从课堂本身出发，打造“友善课堂”背景下的精品课堂。例如，以人地关系为主线，分析区域的可持续发展。二是以课程为核心，探索教育的真正价值。例如，科学探索——地理之地球上的水(七年级张晓静)，以区域为载体让学生认识世界(八年级杨静和李东旭)。

高中分会考和高考两个系列，我们对高中三个年级进一步编制符合学生特色和我校实际的导学案。以高三课堂为例，试题密度大，高三学生要完成五门课程的复习，需要整合；教师在课堂上给学生更多的时间和空间，由学生进行总结和交流、整理和归纳；小黑板的使用效果很好，使课堂不再沉闷。用这种方式改造我们的课堂效果比较明显。为使课堂更有效率，我们外请了专家；就一模试题的命制进行交流。打通班级的界限，使学生从不同的教师那里收获更多，获得不同的风格，使课堂友善、有趣、有益。地理作业也体现友善的本质。学生对内容进行整合，体会地理的思想。

第二，课程开发。

在研究性学习和校本课程的基础上，我们编制符合我校学生的课程。初中的切入点是饮食，高中的切入点是旅游。

会考和高考的导学案：从课程开发角度已经整合成为符合我校学生特点的导学案。

地理选修课：“旅游地理”“品味中国世界遗产”。

研究性学习系列：初中——饮食，高中——旅游。

第三，教师队伍建设。

地理组中青年教师比重大，都开始进入专业发展的平台期。针对这种情况，我们采取的措施是不断学习。本学期全组阅读《全球气候变化的文明史》，使教师视野更广阔。另外，我们还给年轻教师搭建平台。

在教师队伍建设中，我们每个人都在思考地理教育的本质，也获得了一些共同的认识：①深信地理教育是为今日和外来世界培养活跃而又负责任的公民所必需的；②意识到地理在各个不同级别的教育中都可以成为有活力、有作用和有兴趣的科目，并有助于终身欣赏和认识这个世界；③知道在一个日渐缩小的世界中，学生需要更高的国际交往能力，以便在经济、政治、文化、环境和安全等广泛的项目上进行有效的合作；④关注地理教育在世界上一些地方受到忽视、在另一些地方缺乏组织和连贯性的现象；⑤准备协助世界各国的同行扫除地理盲。

刘幼东：请其他老师补充。

杨静：是大家讨论的结果。

刘幼东：实践中有问题吗？

杨静：初中还可以，培养基本的地理素养，培养兴趣，为高中学习奠定基础，使学生热爱生活，热爱这个世界。

张雄英：对于高三的做法我很受启发，多听谷老师的课。

刘幼东：三个系列成形后，在组里都有个传承。

蔡葆元：地理高考成绩不错，建议加强课外活动和竞赛，扩大在学校中的影响。

谷凤芝：其实我们也有一部分是走出去的。比如，走出课堂、进入环境地理课堂、定向越野、地理小博士比赛，每年都拿全国一等奖。

谷凤芝：我们与生物和化学组合作，开发实验室，在校园里进行走出去活动。

李建东：地理组的工作做得真的很多。高三的课堂改革比较明显，地理组的高考成绩非常突出。这与地理组教研氛围和方向有什么联系？怎样让其他组做个借鉴？

刘萍：对组内建设有思考，有些已经初步形成系列。对不同年龄段的教师有不同的思考。比如，中年教师如何继续提高，集体阅读书目。高三两位教师的教学改革非常吸引学生，也很有价值。建议更深入，更专业一些，集中打造一个有特色的、优质的方面。

刘幼东：地理组曾经被评为“优秀教研组”。我看到地理组的发展性计划中提出把研究性学习作为突破口。没有中考压力的初中学科怎样发展？没有压力，怎样让学生在课堂上听进去，让学生对周围世界感兴趣？地理组作为一个优秀教研组，可以为非中考科目做出探索。这个探索特别重要。

谷凤芝：从会考的角度，怎样让课堂更加吸引学生，把课程做得更符合学校特色，让学生更有兴趣？

王萌：非常喜欢谷老师关于地理教育本质的那段话。“有助于学生终身欣赏和认识这个世界”与学校一直所倡导的“发现之旅”以及各项改革是不谋而合的。每个学科在引导学生发现和认识世界的过程中都可以发挥非常重要的作用。在此提一个建议，要想做成一个品牌，发展点在课程。如何系统化，首先要有支架，能够为学生提供哪些角度和内容，如何展现出来，为不同学生提供不同的课程。建议针对学校的具体情况、学校的探索、学生的具体学情，设计专门的特色地理活动课程，把教育目的、本质融入其中，同时促进学生的发展，利用学校提供的“发现之旅”展示平台，打造一个学科组的特色活动课程。

果淑兰：作为一个机制，学术委员会参与学科组建设的过程非常有意义，今天已经迈出了实质性的一步。对于学科组确定的发展性计划，今天以对话的形式进行过程性监控，几位学术委员也都做了针对性的评价，对组内的教师是有启发的。作为学校来讲，学术委员会发挥越来越重要的作用是不言而喻的。对于学校观摩，希望提供更多的支持。学术委员会做了很多具体的安排，大家的角色意识越来越明显，越专业化，对于角色的感受越来越上道了，有感觉了。提醒大家将学术委员会对话过程中的东西留存，包括思考、评价、组织、落实、过程、问题等；对于学术委员会从成立到现在的对角色的逐渐认识、实施过程中的思考也要积累。

学校近期会安排一个研讨会，对学术委员会运行过程中发挥的作用，以及思考与问题进行研讨，曾教授确定研讨题目后再通知大家。

对于谷老师所做的汇报，我的想法是地理组在品牌建设方面还要着力考虑一下。在整个学校整体学生素养方面，在学校学术性高中的大背景下思考学科组建设。“发现之旅”要有体现，要塑造品牌。期待地理组在学术素质培养方面发挥更大的作用。

还有一个建议，学术委员会的沟通会，其他学科组也能够旁听，相互借鉴学习。

曾晓东：在进行品牌建设时可以在近期选择两个点：“发现之旅”和课程。课程建设包括课程观、教学方式、学生成果。在课程观上，引导学生发现周围的世界，建议在“饮食”这部分，除了告诉别人饮食有什么之外，还应该在逻辑上往前走一点(理解植物、物产、气候)，往后走一点(理解产业和经济生活：它的影响，有什么主意和创意)；“旅游”也可以遵循这个过程，往前走一点(理解它的产生过程)，往后走一点(引导学生走向旅游规划、新的旅游模式的开发以及创意文化)。这样，课程观就不是一个点状的内容了，而是发散的体系，串起了关于自然、人的情感及经济生活。把学生的视野拉大，把地理课的范畴拉大。大家要思考一个问题：在没有高考压力时，地理课怎样改革才能释放学生和教师的活力？地理课的综合性很强，也和学生生活密切相关。因此，在按照你们地理组的发展规划进行实验和探索时，要注意体现地理的跨学科综合性特征，在积累产出、汇总学生成果时，也要注意体现这个特征。

北京市第十一中学学术委员会与学科组交流对话会会议记录——体育组

时间：2015年5月18日10：30～11：15

地点：6号楼图书馆视听室

参会人员：果淑兰(校长)，曾晓东(教授、外部委员)，张芊丽(常务副校长)，王萌(委员、校长助理)，蔡葆元(委员、教师)，李建东(委员、教师)，刘萍(委员、教师)，王争(教研组长)，秦建波(教师)

秘书：董晓莉(教师)

会议内容：学术委员会与体育组交流对话会

学术委员会主席刘幼东老师：体育课在我们大多数人眼里就是活动、训练，和课程发展无关。自从发展性规划动员大会后，体育组组长王争老师就向我表达了这个问题，他自己也认为体育教师都是会做、会说、不会写，希望对体育组做例外处理。我看到国外的体育课也是有课程的，也有对新课程的设计任务，就鼓励他们也来参加。今天，王争带来他们组设计的结果，希望各位学术委员给他们提提建议，帮助他们把体育课程建设进行下去。

王争：我和刘老师讨论后，就回去和组里的老师商量了一下，我们也拿出来一个发展性规划。我们不太会写文章，就把我们要做的事摆在这里了。我们的发展性规划就是打造篮球特色校园。

体育组通过四个渠道实施发展性规划，即课堂教学、课外小组、校园比赛、选修课。

课堂教学：编写校本教材。在八年级课程中，教简单的传球、运球技能。在高中课程中，篮球选修课每次报名都是爆满的。考虑在高中增加校本课程。

研究性学习和校本课程：篮球基本训练(七年级、八年级)，篮球提高班(高一、高二)，均在自主基础上进行。少一些基础练习，打出一些战术。

社团活动：自主社团活动，有一个外教，进行花式篮球的教学，七年级偏兴趣，高一偏竞技。

校篮球比赛：德育处、体育组、学生会联合组织。每个学期都有比赛。本学期七年级、八年级之间进行“三对三”比赛。通过做海报、组织拉拉队，调动非比赛学生的积极性、改变篮球和体育都朝着竞技体育方向走的老习惯，头脑中有篮球文化的概念。下学期高中组的比赛是学校的“职业联赛”，会把篮球文化再推向高潮。

校队的水平和成绩：训练比较系统，打进了北京市十强。如果进八强，一半的队员有高考加分。区四强(二中、五中、二十五中、十一中)，已确立在南片的位置。这些年来，我校的篮球文化还是有基础的，高二的杜一鸣同学，虽然不是特长生，但是他特别喜欢篮球，老师就和他讲了一个条件，要求他以学习为重，如果学习成绩达到550分，就可以玩篮球。于是，杜一鸣天天抓紧时间学习，他好好学习就是为了进篮球队。

秦建波补充：作为体育人的责任，不光体育课上督促学生，日常生活中我们也要求学生养成做准备活动的习惯，要求他们剧烈运动完成后放松。我们体育组也认识到学校体育是要培养特长生，但更重要的是培养所有学生贯穿终身的体育精神。

刘幼东：篮球是中考的科目，占10分。校本教材是给初中做的。为什么用“篮球游戏化”这个词。

王争：篮球课在高中和在初中的重点是不一样的，高中的课程目标是北京市比赛，初中的课程目标是培养学生的兴趣，用游戏培养学生的兴趣，使学生在玩的过程中熟练掌握一些动作。

李建东：在秦老师基本功展示的一节课上，如何降重心的做法很好，是大纲要求还是自己想出来的？

秦建波：大纲只写了重点和难点，如降重心，具体的做法是咱们学校自己想的。

刘幼东：八年级是3+1，八年级加了一节课，是四节课，其中一节是篮球。高中加强了篮球社团，高中各班篮球赛真有联赛性质了。所以，区分初中、高中的特点，分别设立课程目标还是有基础的。

蔡葆元：篮球今年收获颇丰，取得了突破性进展，以实际行动回答了学期初计划中的问题。希望体育组能够总结经验，取得更好的成绩。

曾晓东：体育组的精神状态非常好，远超想象。所以，体育组进行发展性规划完全有基础、有可能。他们提到的“终身体育”“体育精神”“体育人”的概念非常棒。体育精神、体育能力、终身对体育的爱好、体育给人带来的简单的快乐是我们整个民族需要补充的；把体育游戏作为课程观放进去；死嗑篮球特色，做得系列化一些。建议社团游戏规则细化一下，让学生自己组织，逐渐办出教育特色。建议体育节上要有选秀擂台赛以及篮球宝贝。10个球，每个人玩自己的花样，展示部分技能。组织初中学生做篮球宝贝，做一个广告，全民锻炼，全民感兴趣，出一个展板，让大家意识到体育是一门巨大的事业。这样，体育组的发展性规划就有了，一个体育节项目设置规划，一个校本教材，包括初中篮球游戏化和高中篮球社团活动指南。所以，体育组在发展性规划项目中不能例外，还指望你们展示校本课程开发成果呢。

第六章　学术性高中的建设成果：学生发展测量

DILIUZHANG　XUESHUXING GAOZHONG DE JIANSHE CHENGGUO：XUESHENG FAZHAN CELIANG

第二章提到，“学习力”理论在从管理学迁移到教育学的过程中，关注重点已经发生了变化，由学习型组织的构建转向对学习过程中学生和其他个体所具有的学习态度、方法和技术的关注。它让我们认识到，我国当前教育教学改革的实质不是让学生掌握更多的知识，而是激发学生学习的动机，让学生掌握学习的方法和技术。

在教学实践中，我们经常能够看到学校提倡教师要“少讲、多练”，而教师却总是强调讲不完，甚至还经常出现拖堂的现象。知识原本是发展学生认知能力的中介，但在实际教学过程中，内容的掌握本身经常成为教育的目的。当前不断推进的考试制度改革，不仅要在考试技术上解决从测量学生知识掌握程度转变为测量解决问题能力的问题，还要在制度上引入多种评价途径。

在建设学术性高中的过程中，目标之一就是培养学生的学术素养和学习的兴趣。因此，我们在课题实施过程中，也尝试使用心理测试的方式，回答以下问题：学术性高中建设的成果如何？是否对学生的学习动机、方法和技术产生了明显的影响？

第一节　学习策略与学生学术素养

在学校情境中，我们经常目睹一个屡见不鲜的现象，即学生的学习态度端正、动机强烈、勤奋刻苦，但是学习成绩却变化不大，没有达到应有的效果。究其原因，主要是影响学习效果的重要因素——学习策略因素被教师、家长和学生忽略了。学习策略是学习者为了提高学习的效果和效率，有目的、有意识地制订的有关学习过程的复杂方案。学习策略包括认知策略、元认知策略及资源管理策略，能够对学生提高学习动机、提升学习效果、达成学业目标产生很大的辅助作用，为学生学会学习提供了理论和实践的指导。

一、学习策略对教与学的意义

从理论上来讲，学习策略的研究是认知心理学、元认知研究发展的必然结果。认知心理学研究人在学习过程中对信息进行加工的内在机制，可以说，是人类对客体进行认知的策略研究。20世纪70至80年代，元认知的兴起掀起了对主体认知研究的热潮，试图回答学生个体如何对自己的认知过程和结果进行意识与控制。元认知包括元认知知识、元认知体验、元认知监控和调节，而元认知的监控和调节是其中的关键。这些认知心理学研究的进展为学习策略研究奠定了理论基础①。

理论的进展为教育实践中培养学生的学习策略，提高学生的学习效率提供了理论基础。毕竟“教会学生学习”才是教学的真正目的，而不是期望学生学习，却不知道教学生“如何学习”。学习策略干预对教育实践的意义表现在：①改进学习困难学生的学习。对于许多学生来说，在学习的过程中，通过有意识地反思自己的学习习惯、方法和努力程度，从而调整自己的学习策略，就能够自然地形成自己的比较稳定的学习策略。但是，存在学习困难的学生，往往由于发育迟缓或者社会性发展不足，导致自我形成学习策略存在困难，于是，通过干预学生的学习策略，能够改善和提高学生的学习效率。②有利于拓宽学生的学习范围。在信息化时代，学生在学校中学习的知识是非常有限的，合适的学习策略能够帮助学生形成获取知识的能力。③改善教师的教学效率。学习是一个典型的“他人的事业”，教师只有通过学生才能改进学生的学习，学生自己的学习动机和学习策略不佳，而只靠教师自己的努力是没有什么效果的。

随着课程改革的推进以及认知心理学知识的普及，越来越多的教师认识到，学生的学习过程并不是自然发生、顺利进行的。甚至，对于数学学习，

---

① 刘电芝．学习策略的实质[J]．宁波大学学报(教育科学版)，2000，22(1)：18-20，42.

数学抽象概念的形成也不完全是思维和逻辑的产物。数学教学的基本过程就是一个客观的、社会化的数学知识与个体的、主观的知识结构以及与之对应的认知结构和心理结构之间复杂的转换系统①。因此，学习策略对于“教与学”的意义，不仅表现在学习效率层面，而且也是学生学习的目标之一。

二、学术性高中建设对学习策略的支持

回顾我校学术性高中建设方案，在育人目标中已经明确提出依靠课程改革和学习方式改革“培养学生的学术素养”。为此，在为培养学生学术素养而进行的课程和教学改革中，应该体现对学生学习策略的培养。

从文本上来看，学校以“成长”为主题的课程改革通过对国家课程的校本化建设，以及校本课程和活动课程的建设，渗透学习方式和内容组织方式的改革都体现了对学习动机、学习方式变革的思想。

从案例上看，国家课程校本化建设中的人文综合课程设计的思想就是重新组织政治和历史的素材，在归纳和移植中发现政治制度的历史依赖。课后调查学生的意见以及评价方式的改进，都说明课程校本化建设中突出体现了学生学术素养培养的意图。

从教学方式上来看，“友善课堂”的引入、PAD 教学方式以及思维导图指导，都在改变着学生处理信息的方式以及组织知识和思维的方法。因此，在学术性高中的建设框架中，虽然对学生学习策略的支持还不够系统和直接，但是学校在方案设计中体现了对学生学习策略的指导。

三、学习策略的概念与结构

学习策略是一个非常复杂、分类多样的概念。有些研究采用具体学习策略和一般学习策略的划分方式。具体策略包括预习策略、听课策略、笔记策略、复习策略、作业策略和应试策略；一般学习策略主要由计划策略、理解思考策略、记忆策略和阅读策略构成。② 有的研究将学习策略的结构划

---

① 黄秦安．论数学概念的逻辑—语境—情境及其教学的思维—认知—社会场[J]．教育研究，2016(9)：98-105.

② 王恩国，阴国恩，吕勇．中学生学习策略发展研究[J]．心理与行为研究，2007，5(3)：183-187.

分为一般策略、宏观策略和微观策略三种。其中，一般策略同态度和动机因素有关，宏观策略概括化程度较高，而微观策略的概括化程度较低。有的研究将学习策略划分为复述策略、组织策略和精加工策略①。

本研究遵从具体学习策略和一般学习策略的划分方式，前者包括记笔记策略、阅读策略、写作策略、考试策略、组织策略、时间管理策略；后者包括低学业动机、考试焦虑和注意困难；此外，还有一项学习策略维度用于对学生的学习策略运用情况进行一个广泛的了解。学习策略量表问卷采用 4 等级计分制，等级越高，表明各维度状况越好。具体情况如表 6-1 所示。

表 6-1　学习策略量表各维度及其例题

量表维度	题目数	例题
记笔记策略	19	当老师在黑板上写板书时，我会记下重要的关键词。
阅读策略	13	当我觉得很难看懂题目时，我会用自己的话讲给自己听。
写作策略	13	在我开始写作之前，我会列好一个提纲。
考试策略	15	当我在考试时，我会首先做那些我会做的题。
组织策略	18	我会运用图和表格来归纳整理我的笔记。
时间管理策略	17	当有重大考试时，我会改变我的时间计划来保证有更多的时间学习。
低学业动机	17	如果我某门课学不好，我觉得上那门课是浪费时间。
考试焦虑	23	当我考试时，我感到非常焦虑。
注意困难	17	上课的时候我经常走神。
学习策略	18	当我在学习的时候，我会制订一个计划表来提醒自己。

学习策略的结构虽然略有差异，但对学习策略的研究热潮却反映了人类对学习行为的研究开始从外显行为干预，即在技术上帮助学生掌握学习方法发展到对学生的心理层面进行干预。北京市第十一中学在过去也参加过市、区多项涉及学习策略的实验，只是从效果上来看，这些方法都还“好用”，没有意识到它们的战略意义。在建设学术性高中的过程中，我们真正理解了学

① 史耀芳．二十世纪国内外学习策略研究概述[J]．心理科学，2001，24(5)：586-590.

习策略干预对于学生学习效率提高的意义。

第二节　学习策略的程度和差异分析

如前所述，学校在学术性高中建设框架中已经体现了对学生学习策略的指导，那么学术性高中建设四年来的实际效果如何?

本调查采用中国科学院心理研究所自编学习策略量表，重点测查了学生的学习策略情况，着重分析了学生在学习策略上的表现及其性别之间的差异性，以期对学生的学习策略及其父母教养方式的特点有所了解，为日后提升学生学习能力提供参考。同时，本调查分别于2012年和2016年对高一学生的学习策略等情况进行了两次测查，以期探寻在实施学术性高中建设的四年时间里，学校是否形成了对学生学习策略的有效支持，从而使学生的学习策略发生明显变化。

一、数据来源

本研究选择2012年和2016年两个年度的高一年级全体学生作为被试，采用自编问卷，由学生根据自己的直觉作答，被试的具体情况如表6-2所示。

表6-2　高一年级学生人数

年份	男生人数(人)	女生人数(人)	总计(人)
2012年	112	115	227
2016年	97	104	201

二、学习策略的描述性分析

为了了解高一年级全体学生在学习策略上的总体情况，对全体学生在学习策略各个维度下的表现做描述性说明，将学生在各个维度上的选项按照等级赋值，不将结果取加总平均，获得如图6-1所示的分布图。

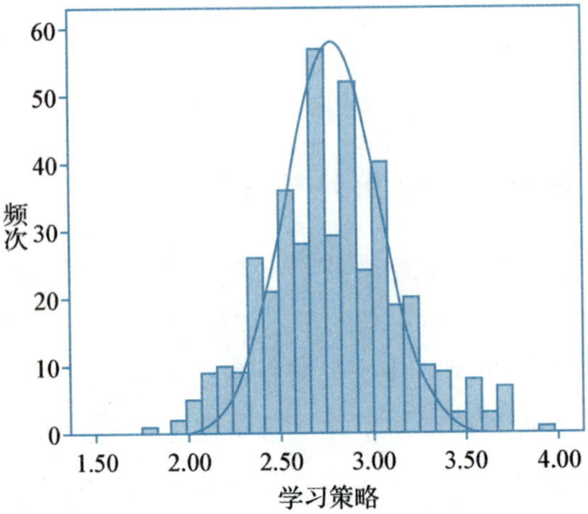

图 6-1 高一年级学生在学习策略上的总体情况

高一年级全体学生在学习策略上的总体情况是，学习策略得分大致呈现正态分布，平均值为 2.78。

为进一步了解不同类型的学习策略使用情况，对高一年级学生在正向学习策略维度和负向学习策略上的表现分别进行描述，具体见图 6-2 和图6-3。

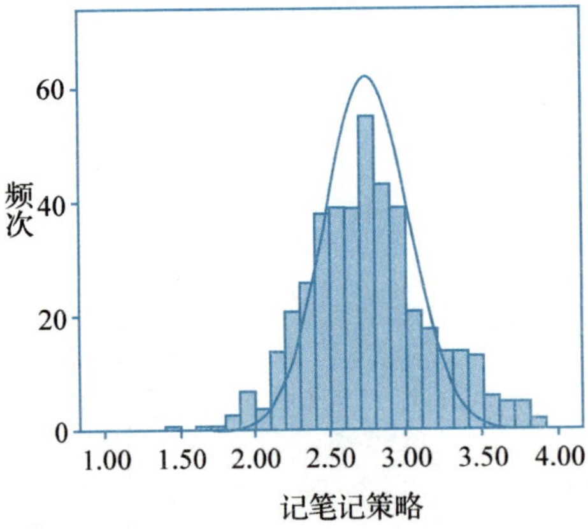

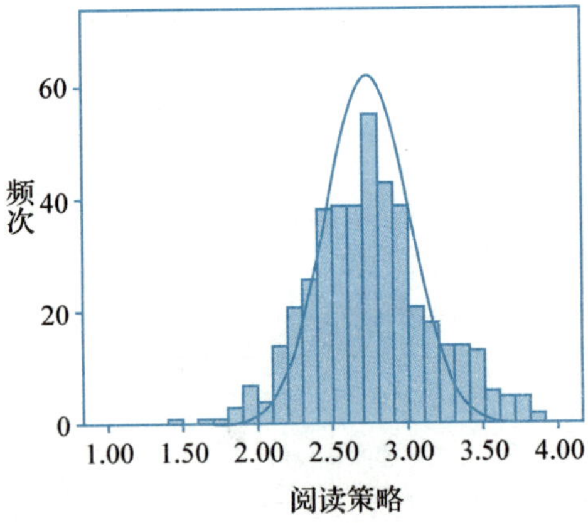

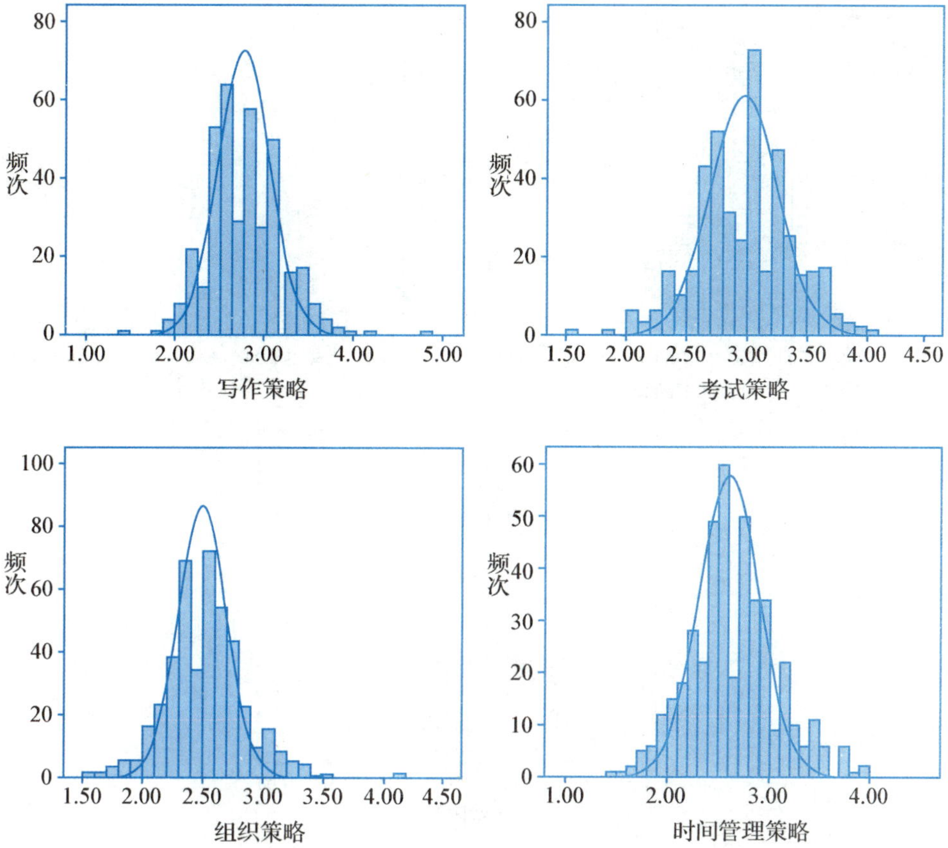

图 6-2　高一年级学生在正向学习策略各维度上的情况

在学习策略的自评中，高一年级全体学生在正向学习策略各维度上的数据均呈正态分布。记笔记策略、阅读策略、写作策略、考试策略、组织策略、时间管理策略的平均值分别为 2.75、2.82、2.97、2.65、2.52、2.81。按照学生自评的结果，学生整体上对于“我会运用图和表格来归纳整理我的笔记”之类的知识组织能力最不满意；而对有逻辑、有结构地写作策略的使用，自我评价水平较高。

在学习策略的自评中，高一年级全体学生在负向学习策略各维度上的数据均大致呈正态分布。低学习动机、考试焦虑和注意困难的平均值分别为 2.11、2.22、2.23。

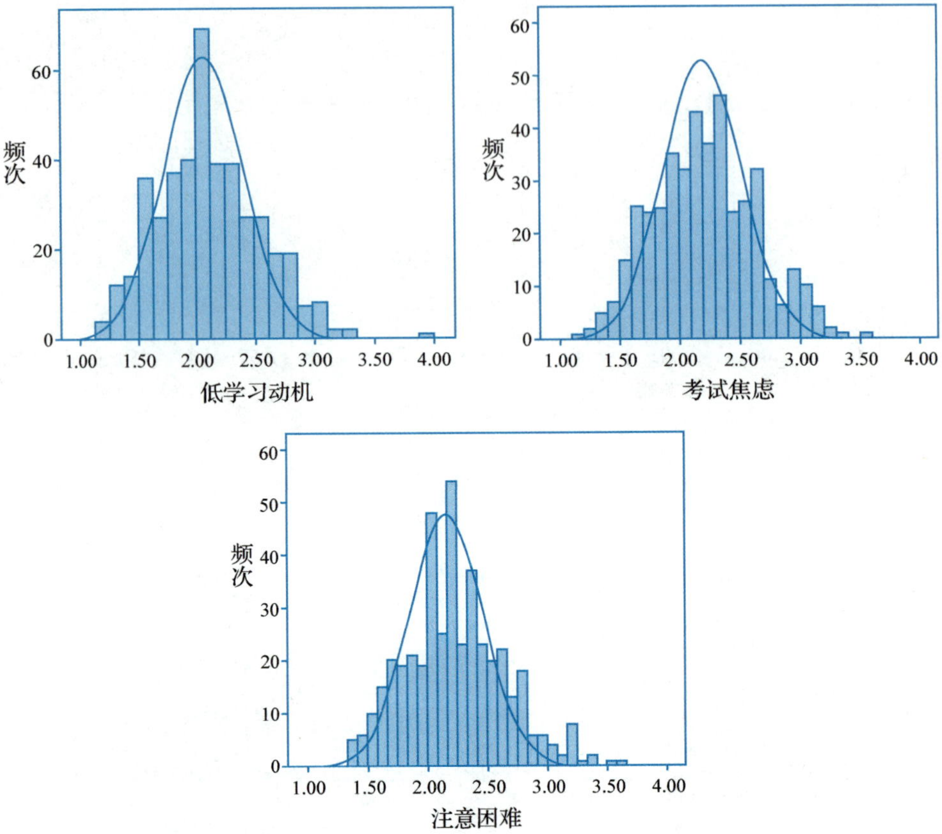

图 6-3　高一年级学生在负向学习策略各维度上的情况

三、学生在学习策略上的差异

为进一步了解不同年份和不同性别的学生在使用学习策略上的差异，以学习策略水平为因变量，进行以年份(2012 年、2016 年)和性别(男、女)为自变量的因素方差分析。

如表 6-3 所示，不同年份高一年级学生在学习策略上的表现没有呈现出显著的差异性。这表明在学习策略的应用水平上，不同年份间的平均水平比较相似。该结果与许多研究发现非常一致，不同年份学生的学习策略表现出非常高的稳定性。

表 6-3　高一年级学生在学习策略表现上的年份因素方差分析

	方差和	df	均方差	F	$Sig.$
组间	0.043	1	0.043	0.337	0.562
组内	54.853	426	0.129		
合计	54.897	427			

如表 6-4 所示，不同性别高一年级学生在学习策略上的表现呈现出显著的差异性，且 $p<0.05$。这表明在学习策略的应用水平上，不同性别间的平均水平有显著差异。

表 6-4　高一年级学生在学习策略表现上的性别因素方差分析

	方差和	df	均方差	F	$Sig.$
组间	1.358	1	1.358	10.793	0.001
组内	53.603	426	0.126		
合计	54.961	427			

如表 6-5 所示，不同性别高一年级学生的平均得分、标准差等描述统计情况，女生在学习策略方面的平均得分明显高于男生。

表 6-5　不同性别高一年级学生学习策略表现得分情况

性别	平均得分	标准差 SD	N
男	2.7218	0.38137	194
女	2.8350	0.33104	234
合计	2.7837	0.35877	428

关于性别差异的发现，也与大多数研究的发现相一致。总体来说，女生相对于男生具有更高程度的学习策略。

四、学习策略各维度上的差异分析

（一）记笔记策略

为进一步了解不同年份和不同性别的学生在使用记笔记策略上的差异，以记笔记策略水平为因变量，进行以年份（2012 年、2016 年）和性别（男、女）

为自变量的因素方差分析。

如表 6-6 所示，不同年份高一年级学生在记笔记策略上的表现没有呈现出显著的差异性，不同年份间的平均水平比较相似。

表 6-6 高一年级学生在记笔记策略表现上的年份因素方差分析

	方差和	df	均方差	F	$Sig.$
组间	0.045	1	0.045	0.274	0.601
组内	69.972	426	0.164		
合计	70.017	427			

如表 6-7 所示，从记笔记策略的性别差异角度分析，可以发现性别间存在明显差异。高一年级学生在记笔记策略上的总体得分为 2.7517，标准差为 0.40482。其中，女生平均得分为 2.8289，标准差为 0.36581；男生平均得分为 2.6585，标准差为 0.43018。性别之间差异的显著程度 $p<0.05$，不同性别高一年级学生在记笔记策略上的表现呈现出显著的差异性，女生在记笔记策略方面的平均得分显著高于男生。该结果与我们的经验值非常相似。

表 6-7 高一年级学生在记笔记策略表现上的性别因素方差分析

	方差和	df	均方差	F	$Sig.$
组间	3.079	1	3.079	19.608	0.000
组内	66.896	426	0.157		
合计	69.975	427			

（二）阅读策略

为进一步了解不同年份和不同性别的学生在使用阅读策略上的差异，以阅读策略水平为因变量，进行以年份(2012 年、2016 年)和性别(男、女)为自变量的因素方差分析。

如表 6-8 所示，不同年份高一年级学生在阅读策略上的表现没有呈现出显著的差异性，不同年份间的平均水平比较相似。

表 6-8 高一年级学生在阅读策略表现上的年份因素方差分析

	方差和	df	均方差	F	Sig.
组间	0.711	1	0.711	3.370	0.067
组内	89.875	426	0.211		
合计	90.586	427			

如表 6-9 所示，从阅读策略的性别差异角度分析，可以发现高一年级学生在阅读策略上的总体得分为 2.7406，标准差为 0.48720。其中，女生平均得分为 2.8803，标准差为 0.42803；男生平均得分为 2.8170，标准差为 0.46055。男生在阅读策略水平上低于女生，男生间的差异也高于女生，$p<0.01$ 说明男、女生之间的差异在统计上极其显著。

表 6-9 高一年级学生在阅读策略表现上的性别因素方差分析

	方差和	df	均方差	F	Sig.
组间	2.068	1	2.068	9.955	0.002
组内	88.500	426	0.208		
合计	90.568	427			

（三）写作策略

为进一步了解不同年份和不同性别的学生在使用写作策略上的差异，以写作策略水平为因变量，进行以年份(2012 年、2016 年)和性别(男、女)为自变量的因素方差分析。

如表 6-10 所示，不同年份高一年级学生在写作策略上的表现没有呈现出显著的差异性，不同年份间的平均水平比较相似。

表 6-10 高一年级学生在写作策略表现上的年份因素方差分析

	方差和	df	均方差	F	Sig.
组间	0.286	1	0.286	1.737	0.188
组内	70.132	426	0.165		
合计	70.418	427			

如表 6-11 所示，从写作策略的性别差异角度分析，可以发现女生在写作

策略方面的平均得分显著高于男生，且男生间的差异大于女生间的差异。高一年级学生在写作策略上的总体得分为2.8050，标准差为0.40612。其中，女生平均得分为2.8798，标准差为0.39910；男生平均得分为2.7147，标准差为0.39702，$p<0.01$，统计上属于极其显著水平，说明性别间的写作策略呈现出极其显著的差异。

表6-11　高一年级学生在写作策略表现上的性别因素方差分析

	方差和	df	均方差	F	$Sig.$
组间	2.891	1	2.891	18.234	0.000
组内	67.535	426	0.159		
合计	70.426	427			

（四）考试策略

为进一步了解不同年份和不同性别的学生在使用考试策略上的差异，以考试策略水平为因变量，进行以年份（2012年、2016年）和性别（男、女）为自变量的因素方差分析。

如表6-12所示，不同年份高一年级学生在考试策略上的表现没有呈现出显著的差异性，不同年份间的平均水平比较相似。

表6-12　高一年级学生在考试策略表现上的年份因素方差分析

	方差和	df	均方差	F	$Sig.$
组间	0.151	1	0.151	0.979	0.323
组内	65.803	426	0.154		
合计	65.954	427			

如表6-13所示，从考试策略的性别差异角度分析，可以发现女生在考试策略方面的平均得分显著高于男生。男女生合计的考试策略得分为2.9733，标准差为0.39323。其中，女生平均得分为3.0271，标准差为0.36957；男生平均得分为2.9084，标准差为0.41167，$p<0.01$，不同性别间的平均水平比较呈现出极其显著的差异，且男生间的差异大于女生间的差异。

表 6-13　高一年级学生在考试策略表现上的性别因素方差分析

	方差和	df	均方差	F	$Sig.$
组间	1.497	1	1.497	9.880	0.002
组内	64.532	426	0.151		
合计	66.028	427			

（五）组织策略

为进一步了解不同年份和不同性别的学生在使用组织策略上的差异，以组织策略水平为因变量，进行以年份(2012 年、2016 年)和性别(男、女)为自变量的因素方差分析。

如表 6-14 所示，不同年份高一年级学生在组织策略上的表现没有呈现出显著的差异性，不同年份间的平均水平比较相似。

表 6-14　高一年级学生在组织策略表现上的年份因素方差分析

	方差和	df	均方差	F	$Sig.$
组间	0.213	1	0.213	2.144	0.144
组内	42.317	426	0.099		
合计	42.530	427			

如表 6-15 所示，从组织策略的性别差异角度分析，可以发现女生在组织策略方面的平均得分显著高于男生，且男生间的差异大于女生间的差异。高一年级学生在组织策略上的总体得分为 2.5200，标准差为 0.31586。其中，女生平均得分为 2.5566，标准差为 0.28276；男生平均得分为 2.4759，标准差为 0.34732，$p<0.01$，统计上属于极其显著水平，说明性别间的组织策略呈现出极其显著的差异，在组织策略上，男生间的差异大于女生。

表 6-15　高一年级学生在组织策略表现上的性别因素方差分析

	方差和	df	均方差	F	$Sig.$
组间	0.690	1	0.690	7.013	0.008
组内	41.911	426	0.098		
合计	42.600	427			

（六）时间管理策略

为进一步了解不同年份和不同性别的学生在使用时间管理策略上的差异，以时间管理策略水平为因变量，进行以年份(2012 年、2016 年)和性别(男、女)为自变量的因素方差分析。

如表 6-16 所示，不同年份高一年级学生在时间管理策略上的表现没有呈现出显著的差异性，不同年份间的平均水平比较相似。

表 6-16　高一年级学生在时间管理策略表现上的年份因素方差分析

	方差和	df	均方差	F	Sig.
组间	0.070	1	0.070	0.375	0.541
组内	79.035	426	0.186		
合计	79.104	427			

如表 6-17 所示，从时间管理策略的性别差异角度分析，可以发现女生的时间管理策略方面的平均得分显著高于男生，且男生间的差异大于女生间的差异。高一年级学生在时间管理策略上的总体得分为 2.6487，标准差为 0.43008。其中，女生平均得分为 2.6977，标准差为 0. 40339；男生平均得分为 2.5896，标准差为 0.45430，$p<0.01$，统计上属于极其显著水平，说明性别间的时间管理策略呈现出极其显著的差异，同样地，男生间的差异大于女生间的差异。

表 6-17　高一年级学生在时间管理策略表现上的性别因素方差分析

	方差和	df	均方差	F	Sig.
组间	1.239	1	1.239	6.791	0.009
组内	77.742	426	0.182		
合计	78.982	427			

（七）低学业动机

为进一步了解不同年份和不同性别的学生在低学业动机维度上的差异，以低学业动机水平为因变量，进行以年份(2012 年、2016 年)和性别(男、女)为自变量的因素方差分析。

如表 6-18 所示，不同年份高一年级学生在低学业动机维上的表现没有呈现出显著的差异性，不同年份间的平均水平比较相似。

表 6-18　高一年级学生在低学业动机维度上的年份因素方差分析

	方差和	df	均方差	F	Sig.
组间	0.358	1	0.358	1.826	0.177
组内	83.586	426	0.196		
合计	83.944	427			

如表 6-19 所示，从低学业动机维度的性别差异角度分析，可以发现女生低学业动机维度上的平均得分显著低于男生，且男生间的差异大于女生间的差异。高一年级学生在低学业动机维度上的总体得分为 2.1103，标准差为 0.44337。其中，女生平均得分为 2.0190，标准差为 0.41374；男生平均得分为 2.2204，标准差为 0.45383，$p<0.01$，统计上属于极其显著水平，说明性别间的低学业动机维度上的表现呈现出极其显著的差异。

表 6-19　高一年级学生在低学业动机维度上的性别因素方差分析

	方差和	df	均方差	F	Sig.
组间	4.300	1	4.300	23.001	0.000
组内	79.637	426	0.187		
合计	83.937	427			

（八）考试焦虑

为进一步了解不同年份和不同性别的学生在考试焦虑维度上的差异，以考试焦虑水平为因变量，进行以年份(2012 年、2016 年)和性别(男、女)为自变量的因素方差分析。

如表 6-20 所示，不同年份高一年级学生在考试焦虑维度上的表现没有呈现出显著的差异性，不同年份间的平均水平比较相似。

表 6-20　高一年级学生在考试焦虑维度上的年份因素方差分析

	方差和	df	均方差	F	Sig.
组间	0.388	1	0.388	2.095	0.148
组内	78.972	426	0.185		
合计	79.361	427			

如表 6-21 所示，从考试焦虑维度的性别差异角度分析，可以发现女生考试焦虑维度的平均得分高于男生，且男生间的差异大于女生间的差异。$p>0.05$，统计上属于不显著水平，说明性别间的考试焦虑维度的表现没有呈现显著差异。

表 6-21　高一年级学生在考试焦虑维度上的性别因素方差分析

	方差和	df	均方差	F	$Sig.$
组间	0.023	1	0.023	0.125	0.724
组内	79.259	426	0.186		
合计	79.283	427			

（九）注意困难

为进一步了解不同年份和不同性别的学生在注意困难维度上的差异，以注意困难水平为因变量，进行以年份(2012 年、2016 年)和性别(男、女)为自变量的因素方差分析。

如表 6-22 所示，不同年份高一年级学生在注意困难维度上的表现没有呈现出显著的差异性，不同年份间的平均水平比较相似。

表 6-22　高一年级学生在注意困难维度表现上的年份因素方差分析

	方差和	df	均方差	F	$Sig.$
组间	0.192	1	0.192	1.113	0.292
组内	73.280	426	0.172		
合计	73.472	427			

如表 6-23 所示，从注意困难维度的性别差异角度分析，可以发现女生在注意困难维度上的平均得分显著低于男生，且男生间的差异大于女生间的差异。高一年级学生在注意困难维度上的总体得分为 2.2324，标准差为 0.41480。其中，女生平均得分为 2.1450，标准差为 0.37835；男生平均得分为 2.3378，标准差为 0.43292，$p<0.01$，统计上属于极其显著水平，说明性别间的注意困难维度的表现呈现出极其显著的差异。

表 6-23　高一年级学生在注意困难维度表现上的性别因素方差分析

	方差和	df	均方差	F	$Sig.$
组间	3.944	1	3.944	24.164	0.000
组内	69.525	426	0.163		
合计	73.469	427			

通过各维度的水平和差异分析，可以得出非常一致性的结论，即不同年份的高一年级学生在学习策略各个维度上没有呈现出显著性的差异，但是男生和女生之间在学习策略各个维度上都呈现出明显的差异，只有在考试焦虑维度上的差异不明显。和许多研究相一致的结论是，女生在学习策略的各个维度上都优于男生，甚至在负向策略上，如考试焦虑、低成就动机和注意力困难方面的得分也低于男生，即具有更好的表现。

如果考虑到学习策略的形成是个体对学习过程的注意、反思的结果，那么以上研究结果表明，男生在自动形成学习策略方面具有明显的劣势，这可能在一定程度上能够解释女生的学习成绩整体优于男生的现象，也说明在教育实践中，男生相对于女生更需要学习策略的指导。

五、不同学习策略间的比较分析

水平和差异分析给我们提供了认识总体状况的信息。除此之外，学习策略的研究还需要揭示突出的特征，即最大值和最小值。

（一）高一年级学生主要使用的学习策略

为考察高一年级学生在学习策略使用上的差异，对高一年级学生在不同学习策略上的得分进行比较，具体结果如表 6-24 所示。

表 6-24　高一年级学生在学习策略上的使用情况比较

	平均值		最小值		最大值		标准差	
年份	2012 年	2016 年	2012 年	2016 年	2012 年	2016 年	2012 年	2016 年
学习策略	2.77	2.79	1.94	1.78	3.67	3.94	0.36	0.36
记笔记策略	2.74	2.76	1.46	1.63	3.84	3.84	0.39	0.41
阅读策略	2.78	2.86	1.62	1.62	4.00	4.00	0.44	0.48

续表

	平均值		最小值		最大值		标准差	
写作策略	2.78	2.83	1.46	1.92	3.92	4.85	0.39	0.42
考试策略	2.96	2.99	1.80	1.50	3.80	4.00	0.37	0.41
组织策略	2.50	2.54	1.57	1.83	3.56	4.17	0.31	0.31
时间管理策略	2.64	2.66	1.44	1.65	3.82	4.00	0.41	0.45
低学习动机	2.14	2.08	1.18	1.18	3.29	3.94	0.44	0.44
考试焦虑	2.24	2.18	1.13	1.22	3.57	3.17	0.43	0.43
注意困难	2.25	2.21	1.35	1.35	3.59	3.35	0.42	0.40

通过对高一年级学生在学习策略上的使用情况进行比较，可以发现在所有学习策略中，高一年级学生在考试策略维度上状况最好，其次是阅读策略和写作策略。总体来看，三个负向策略维度：低学习动机、考试焦虑和注意困难的得分较低。从 2012 年和 2016 年数据的对比来看，所有正向维度策略的得分均有所升高，负向维度策略的得分有所降低，整体学习策略状况有所改善。

（二）高一年级学生使用不同学习策略间的联系

为使学生更好地掌握学习策略，正确运用学习策略，以达到提高学习效果、学会学习的目的，本研究对学习策略之间的关系进行了具体的分析，以探讨学习策略之间的联系和特点，为学生和教师进行学习策略的运用和指导提高参考，结果如表 6-25 所示。

表 6-25　高一年级学生学习策略类型的相关分析

	记笔记	阅读	写作	考试	组织	时间管理	低学习动机	考试焦虑	注意困难
记笔记	1	0.774**	0.594**	0.646**	0.580**	0.726**	−0.503**	−0.206**	−0.469**
阅读		1	0.590**	0.680**	0.593**	0.704**	−0.366**	−0.213**	−0.363**
写作			1	0.434**	0.463**	0.492**	−0.243**	−0.114	−0.232**
考试				1	0.559**	0.632**	−0.394**	−0.121	−0.337**
组织					1	0.639**	−0.240**	−0.100	−0.254**
时间管理						1	−0.471**	−0.188**	−0.457**

续表

	记笔记	阅读	写作	考试	组织	时间管理	低学习动机	考试焦虑	注意困难
低学习动机							1	0.512**	0.786**
考试焦虑								1	0.508**
注意困难									1

注：* 表示 $p<0.05$，** 表示 $p<0.01$。

由表 6-25 可以看出，除考试焦虑维度以外，高一年级学生在各策略间均呈现出显著的相关关系。这表明各类学习策略之间存在一定的联系。因此，在运用学习策略时，要注重多种学习策略的共同使用，通过一类学习策略的掌握，举一反三，融会贯通，从而达成学业目标。其中记笔记策略与所有其他类型策略的显著性最强，其次是阅读策略和时间管理策略。这在一定程度上表明，记笔记策略运用较好的学生，也同时能较好地运用其他各项策略。

综上所述，本研究通过对高一年级学生学习策略的描述和分析得出以下结论：总体上，高一年级学生在学习策略的使用和掌握上具有较高的水平；男生与女生在学习策略的使用上表现出显著的差异，除考试焦虑维度外，女生在其他学习策略维度的表现水平均高于男生；不同年份高一年级学生在学习策略上的表现没有显著差异。除考试焦虑维度外，各学习策略类型之间存在显著的相关关系。

第三节　父母教养方式的调查结果分析

父母教养方式是父母的教养观念、教养行为及其对学生的情感表现的一种组合方式。这种组合方式是相对稳定的，不随情境的改变而变化，它反映了亲子交往的实质。对学生父母教养方式的调查有利于对亲子交往的方式、类型和意义进行一定的探索。同时，影响学生学习策略的因素有很多，如学生的学习动机、学习态度、环境条件等，其中家庭因素对学生学习策略的选择和使用也产生着重要影响，而父母教养方式作为父母的教养观念及其对学生的情感表现的一种组合方式更是间接引导着学生学习策略的运用。

本调查重点测查了学生父母教养方式的情况，着重分析了学生父母教养方式的特点，以期对学生父母教养方式的情况有所了解，为日后提升学生学习能力提供参考。同时，本调查于 2012 年和 2016 年先后两次分别对高一年级学生父母教养方式的特点等情况进行了测查，以期探寻学生父母教养方式是否发生了变化。

一、父母教养方式的概念和结构

父母教养方式问卷量表测查的是母亲教养方式，共计五个维度，分别为情感温暖型、过度干涉型、拒绝否认型、严厉惩罚型、偏爱被试型，包括 57 个题目。由学生凭借记忆和感觉针对每一项从“1 从不”到“4 总是”进行四级评定，得分越高表明母亲在某维度上的表现越多。母亲教养方式量表及例题如表 6-26 所示。

表 6-26　母亲教养方式量表及例题

量表维度	题目数	例题
情感温暖型	19	当我做的事情取得成功时，我觉得母亲为我很自豪。
过度干涉型	16	我觉得母亲对我可能出事的担心是夸大的、过分的。
拒绝否认型	8	母亲经常当着别人的面批评我既懒惰，又无用。
严厉惩罚型	9	母亲常常在我不知道原因的情况下对我大发脾气。
偏爱被试型	5	有时即使错误在我，母亲也把责任归咎于其他人。

母亲教养方式具有非常强烈的社会分层意义，也一直是教育学研究的重点。我校的学术性高中建设并不是在社会学意义上的探索，而是站在家校共育的角度，从技术上来看，学校应该怎样积极地支持家长在培养学生上发挥作用。

母亲教养方式的五个维度包括了正向和负向激励。学生的学习策略不仅是学校教育的结果，也在很大程度上反映了家庭的教养方式。

二、高一年级学生母亲教养方式的现状

选择同样的样本群体，由高一年级学生对其母亲的教养状况进行汇报，计分方式仍然按照选项赋值进行加总，分布情况如图 6-4 所示。2016 年的高一年级学生和 2012 年的高一年级学生相比，在各维度上的得分都有所下降。

考虑到存在负向激励，从总体上来看，母亲的教养方式有些略微改进。

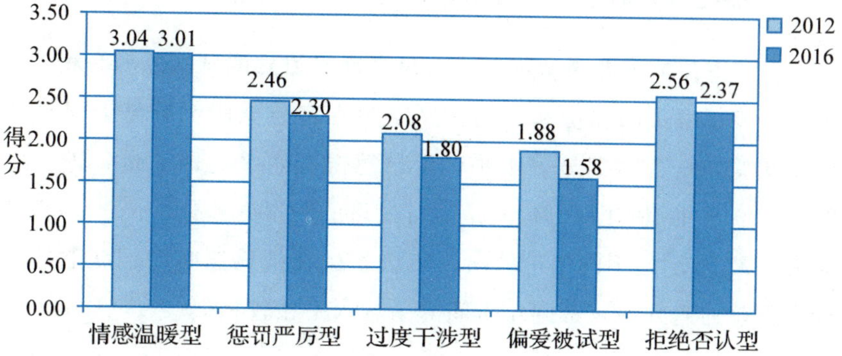

图 6-4　高一年级学生母亲教养方式的总体情况

按照年份分析母亲的教养方式，一方面，在情感温暖型上学生的评分较高，这表明他们与母亲间的情感交流比较积极，能感受到较多的母亲的关爱；在其他四项负性维度上的评价也不低，这也在一定程度上显示了学生感受到母亲一定的过度干涉、拒绝否认、严厉惩罚和偏爱的行为，这使学生缺少了自主发展的空间。另一方面，从 2012 年与 2016 年的数据的对比来看，在四项负性维度上的得分均有较明显的降低，说明母亲对学生的过度干涉、拒绝否认、严厉惩罚和偏爱的负面行为有所减少。

如图 6-5 所示，从性别角度看待学生感受到的母亲教养方式，男生略少地感受到来自母亲的温暖，而女生更多地感受到来自母亲的拒绝。男生更多地体验到母亲严格苛刻的教养态度，更多地感受到母亲对自己学习和生活的干涉与过度保护。

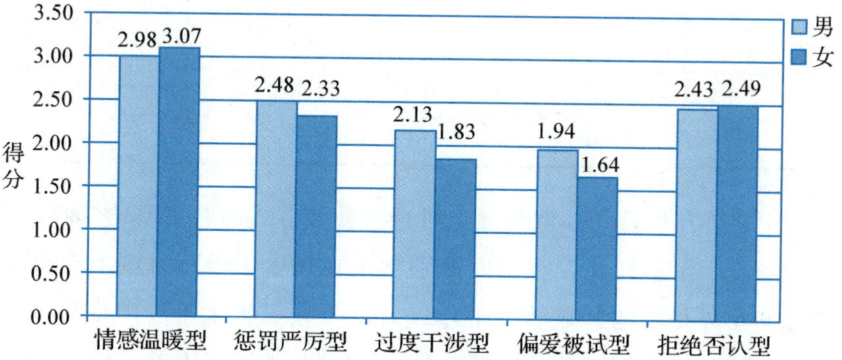

图 6-5　高一年级男、女生母亲教养方式的类型

三、按维度划分的学生对母亲教养方式的感知差异

（一）学生在情感温暖型维度上对母亲教养方式的感知差异分析

为进一步了解不同年份和不同性别学生在情感温暖型维度上对母亲教养方式的感知差异是否达到显著水平，以情感温暖水平为因变量，进行以年份(2012 年、2016 年)和性别(男、女)为自变量的因素方差分析。

如表 6-27 所示，不同年份的高一年级学生在情感温暖型维度上的表现没有呈现出显著的差异性，不同年份间的平均水平比较相似。

表 6-27　高一年级学生在情感温暖型维度表现上的年份因素方差分析

	方差和	*df*	均方差	*F*	*Sig.*
组间差	0.975	1	0.975	3.192	0.075
组内差	128.856	422	0.305		
合计	129.831	423			

如表 6-28 所示，从性别角度来看，高一年级学生在情感温暖型维度上的总体得分为 3.0250，标准差为 0.55401。其中，男生感受到的情感温暖水平为 2.9721，标准差为 0.55067；女生感受到的情感温暖水平为 3.0685，标准差为 0.55414。不同性别高一年级学生在情感温暖型维度表现上没有呈现显著的差异。这表明，男、女生感受到的母亲的情感温暖型水平上虽然有差异，但并不呈现统计上的显著性。

表 6-28　高一年级学生在情感温暖型维度表现上的性别因素方差分析

	方差和	*df*	均方差	*F*	*Sig.*
组间差	0.339	1	0.339	1.198	0.275
组内差	63.348	224	0.283		
合计	63.687	225			

（二）学生在过度干涉型维度上对母亲教养方式的感知差异分析

为进一步了解不同年份和不同性别学生在过度干涉型维度上对母亲教养方式的感知差异是否达到显著水平，以过度干涉保护水平为因变量，进行以年份(2012 年、2016 年)和性别(男、女)为自变量的因素方差分析。

如表 6-29 所示，不同年份的高一年级学生在过度干涉型维度上表现的平均得分为 2.3829，标准差为 0.48266。其中，2012 年学生平均得分为 2.4587，标准差为 0.51489；2016 年学生平均得分为 2.2965，标准差为 0.42817，分布有所收敛。两个年度的学生在过度干涉型维度上的表现存在极其显著的差异，$p<0.01$。

表 6-29　高一年级学生在过度干涉型维度表现上的年份因素方差分析

	方差和	df	均方差	F	*Sig.*
组间差	2.776	1	2.776	12.231	0.001
组内差	95.765	422	0.227		
合计	98.541	423			

如表 6-30 所示，从性别角度来看，在 0.05 的显著性水平下($p<0.05$)，男、女生在过度干涉型维度上表现呈现出显著的差异性。总体上，学生在过度干涉型维度上表现的平均得分为 2.3840，标准差为 0.48267。其中，男生在过度干涉型维度上表现的平均得分为 2.4452，标准差为 0.48358；女生的相应得分为 2.3339，标准差为 0.47713，分布较男生略有所收敛。

表 6-30　高一年级学生在过度干涉型维度表现上的性别因素方差分析

	方差和	df	均方差	F	*Sig.*
组间差	1.301	1	1.301	5.644	0.018
组内差	97.247	422	0.230		
合计	98.548	423			

（三）学生在拒绝否认型维度上对母亲教养方式的感知差异分析

为进一步了解不同年份和不同性别学生在拒绝否认型维度上对母亲教养方式的感知差异是否达到显著水平，以拒绝否认水平为因变量，进行以年份(2012 年、2016 年)和性别(男、女)为自变量的因素方差分析。

如表 6-31 所示，不同年份的高一年级学生在拒绝否认型维度上的表现呈现出显著的差异性。学生总体平均得分为 1.9439，标准差为 0.71143。其中，2012 年学生平均得分为 2.0756，标准差为 0.73615；而 2016 年，学生的平均得分为 1.7936，标准差为 0.65210，程度较 2012 年降低，分布略收敛。

表 6-31　高一年级学生在拒绝否认型维度表现上的年份因素方差分析

	方差和	*df*	均方差	*F*	*Sig.*
组间差	8.394	1	8.394	17.220	0.000
组内差	205.703	422	0.487		
合计	214.096	423			

如表 6-32 所示，从性别角度来看，高一年级学生在拒绝否认型维度上的表现呈现出极其显著的差异性，显著水平 $p<0.01$。学生在拒绝否认型维度上的表现平均得分为 1.9459，标准差为 0.71153。其中，女生在拒绝否认型维度上的表现平均得分为 1.8276，标准差为 0.67795；而男生的相应得分为 2.0901，标准差为 0.72653，男生的平均得分显著高于女生。

表 6-32　高一年级学生在拒绝否认型维度表现上的性别因素方差分析

	方差和	*df*	均方差	*F*	*Sig.*
组间差	7.230	1	7.230	14.746	0.000
组内差	206.923	422	0.490		
合计	214.153	423			

（四）学生在严厉惩罚型维度上对母亲教养方式的感知差异分析

为进一步了解不同年份和不同性别学生在严厉惩罚型维度上对母亲教养方式的感知差异是否达到显著水平，以严厉惩罚水平为因变量，进行以年份(2012 年、2016 年)和性别(男、女)为自变量的因素方差分析。

如表 6-33 所示，不同年份的高一年级学生在严厉惩罚型维度上的总体得分为 1.7413，标准差为 0.70133。按照年份来看，2016 年的高一年级学生在严厉惩罚型维度上的得分更低，得分为 1.5778，标准差为 0.57676；而 2012 年的学生在严厉惩罚型维度上的得分较高，得分为 1.8846，标准差为 0.76767，学生之间的差异程度也更大。

表 6-33　高一年级学生在严厉惩罚型维度表现上的年份因素方差分析

	方差和	df	均方差	F	Sig.
组间差	9.930	1	9.930	21.150	0.000
组内差	198.128	422	0.469		
合计	208.058	423			

如表 6-34 所示，从性别角度来看，高一年级学生在严厉惩罚型维度上的表现呈现出显著的差异性，$p<0.05$。男生的平均得分为 1.8588，标准差为 0.71063，女生的平均得分为 1.6441，标准差为 0.68111，男生间的差异略大于女生间的差异。

表 6-34　高一年级学生在严厉惩罚型维度表现上的性别因素方差分析

	方差和	df	均方差	F	Sig.
组间差	4.841	1	4.841	10.036	0.002
组内差	203.579	422	0.482		
合计	208.420	423			

（五）学生在偏爱被试型维度上对母亲教养方式的感知差异分析

为进一步了解不同年份和不同性别学生在偏爱被试型维度上对母亲教养方式的感知差异是否达到显著水平，以偏爱被试水平为因变量，进行以年份(2012 年、2016 年)和性别(男、女)为自变量的因素方差分析。

如表 6-35 所示，在 0.05 的显著性水平下($p<0.01$)，不同年份的高一年级学生在偏爱被试型维度上表现呈现出极其显著的差异性。总体平均得分为 2.4709，标准差为 0.58425。其中，2012 年学生在偏爱被试型维度上表现的平均得分为 2.5581，标准差为 0.65279；而 2016 年学生的相应得分为 2.3713，标准差为 0.47703。

表 6-35　高一年级学生在偏爱被试型维度表现上的年份因素方差分析

	方差和	df	均方差	F	Sig.
组间差	3.684	1	3.684	11.048	0.001
组内差	140.709	422	0.333		
合计	144.393	423			

如表 6-36 所示，和以往的结果不同，不同性别高一年级学生在偏爱被试型维度上的表现没有呈现出显著的差异性。

表 6-36　高一年级学生在偏爱被试型维度表现上的性别因素方差分析

	方差和	df	均方差	F	Sig.
组间差	0.134	1	0.134	0.393	0.531
组内差	144.277	422	0.342		
合计	144.412	423			

四、小结

综上所述，通过对高一年级学生进行问卷调查，结果发现：第一，总体上来说，2012 年和 2016 年高一年级学生母亲的教养方式有较大差异，除在情感温暖型维度上的得分没有差异外，在其他维度上均呈现出得分有所降低的显著差异。第二，不同性别高一年级学生母亲的教养方式在情感温暖型和偏爱被试型维度上没有显著差异，而在严厉惩罚型、拒绝否认型、过度干涉型维度上均呈现出男生得分高于女生得分的显著差异。

第四节　父母教养方式与学习策略的关系

学术性高中建设的目标，是通过提高教师的教育学术能力，有效提高学生的学习动机、学习能力，进而影响学生的终身学习能力。在这个过程中，学校与家庭的伙伴关系直接决定了学校影响的效果。所以，这些年来学校对家长的教育能力多有“抱怨”。2015 年，教育部还出台了《教育部关于加强家庭教育工作的指导意见》(教基一〔2015〕10 号)，说明了学校与家庭的互动关系。调查数据说明了学术性高中建设的内容要从校内逐渐向校外家庭教育扩展。

一、学习策略与母亲教养方式的相关性

相关分析结果显示：学生总体学习策略与母亲教养方式各维度间均显著相关。其中不同类型学习策略与不同类型母亲教养方式间的关系如表 6-37 所示。

表 6-37　学习策略与母亲教养方式的相关性分析

	情感温暖型	过度干涉型	拒绝否认型	严厉惩罚型	偏爱被试型
学习策略	r=0.221**		r=0.106*		
记笔记策略	r=0.216**				
阅读策略	r=0.202**				
写作策略	r=0.155**				
考试策略	r=0.167**				
组织策略	r=0.202**	r=0.106*			
时间管理策略	r=0.163**				
低学习动机	r=-0.194**	r=0.218**	r=0.304**	r=0.327**	
考试焦虑	r=-0.166**	r=0.285**	r=0.295**	r=0.278**	r=0.113*
注意困难	r=-0.197**	r=0.237**	r=0.314**	r=0.301**	

注：* 表示 $p<0.05$，** 表示 $p<0.01$。

总体而言，第一，情感温暖型母亲教养方式与所有正向学习策略间存在显著正相关，与所有负向学习策略间存在显著负相关。这在一定程度上表明，母亲对学生的关爱和呵护越多，学生学习策略水平可能越高。母亲关心、爱护学生并能理解学生的想法、言行，这种积极的教养方式对学生学习策略有积极影响，并能减弱学生负面的学习情绪，有利于学生学习策略水平的提高。

第二，严厉惩罚型、过度干涉型、拒绝否认型教养方式与低学习动机、考试焦虑、注意困难策略存在显著的相关性。这表明，学生感受越多的家庭惩罚、严厉管教、过度干涉和拒绝否认态度，越容易产生学习动机低、考试焦虑、注意困难等现象。

因此，不但需要教师在课堂上教授学生相应的学习策略，在课堂之外，尤其是在家庭环境中，更要重视学生学习策略的激发和保护。母亲要积极与孩子互动，注重对孩子的情感表达，关心孩子的生活和学习，同时又要对孩子进行一定的督促和指导，不可轻易惩罚孩子和拒绝孩子，要给予孩子鼓励和支持，通过家庭与学校的积极作用促进学生学习策略运用水平的提高，以增强学生学习效果，实现学习目标。

二、学校在学生学习策略养成中的作用

学习策略对学生的学习具有积极的意义。通过对高一年级学生学习策略的使用以及母亲的教养方式的调查发现，高一年级学生总体上具有良好的学习策略运用水平。在母亲教养方式方面，高一年级学生母亲重视对孩子的关心和爱护，然而一定程度上也干涉了孩子的生活，但近年来母亲教养方式也有所改善。经研究分析，学生运用学习策略的水平与母亲的教育方式存在显著的相关关系，情感温暖型的家庭有利于学生形成良好的学习策略，而过度干涉型、拒绝否认型、严厉惩罚型的家庭将会使学生产生低学习动机、考试焦虑、注意困难等现象。因此，在学校教师辅助学生学习和运用学习策略的同时，还需要通过家校沟通，向家长指出家庭教养方式对学生学习策略发展的影响，指导家长通过良好的家庭教养方式，辅助学生更好地使用学习策略，最终达到学业成就的提升。只有通过学生个人、学校以及家庭的共同努力进行学习策略的训练和指导，才能促进学生掌握适宜的学习策略，同时也使学生通过策略的学习，提高策略意识，自我总结、反思，并生成新的策略。

这个发现与国内外学者的研究发现是一致的，即家长，特别是母亲的教育程度和教养方式对于学生的学习策略养成起着关键的作用。但是，这个发现也给学校带来了新的命题：学校能否通过一定的干预措施，在一定程度上纠正学生家庭背景的差异带来的不利影响？

学术性高中建设的目标之一，便是普遍提高学生的学术素养。这个目标不能仅仅由家庭背景来决定，学校需要在传递知识时，有意识地提供这方面的教育和干预，纠正和缩小家庭差距带来的学习能力和学习策略上的差异，提高学生的“学习力”。

我们在研究中发现，还有一个令学校不得不重视的问题，就是男生在学习策略的各个维度上低于女生，以及男生对母亲的教养行为的负面情绪高于女生的现象。从世界范围来看，男生的学业成绩表现普遍低于女生，这种性别差异令教育界产生了新形式的“性别平等”问题。学校在培养学生学术素养方面，需要进一步提高针对性，针对男生存在的问题，提供有专业性的辅导和干预。

第七章　学术性高中建设集锦

DIQIZHANG　XUESHUXING GAOZHONG JIANSHE JIJIN

学术性高中建设提出了两个目标：提高教师教育学术能力，培养学生学术素养。在课题结题时，自然要回答这两个目标是否达到，以及达成的程度怎样。第六章从学习策略的运用、学习兴趣和对学习环境的感知回答了学生学术素养的培养效果，虽然这些测量的指标不能完全覆盖学术素养，但是部分地回答了目标及其达成程度的问题。然而，对于教师而言，教育学术能力的达成程度，用结构化的量表是非常难以获得的。因此，本章试图用另外的标准评估、结果的文本评估方法，对教师的教育学术能力进行评估。

教师教育学术能力的培养，用过程评估的思想来看待，就是制订了清晰的教师教育学术能力发展计划(计划)，为该计划的实施提供了制度安排(组织和制度)，顺利地开展了相关的活动(活动)，并取得了合理的效果(产出)。

第一节　学术委员会的建立与运行效果

建立学术委员会的动因，产生于课程改革背景下课程建设的困难。多年前，学校曾经确立阅读课、生涯规划为课程建设的重点。该方案是由学校行政依据学校课程建设的现状，以及对学生培养方向的把握做出的选择。实施方式上也采取了惯常的方式：确定牵头人、专家咨询、制订工作计划、教师实施。一年以后，课程有了一些成果。例如，阅读课确定了一些必读书目，为学生设计了专门用来做笔记和摘抄的书香笔记本。但课程建设目标与课程内容、教学过程、课程评价之间的内部联系并不清晰，课程建设成果是随意出现的。最让人担心的是，作为学校重点推进的课程建设，最终落到语文组两位教师和一位心理教师身上，其他教师并没有参与，研究成果扩散的效果也并不好。

一、学术委员会的建设方案

如何动员教师广泛参与课程改革？如何使课程改革的成果在教师群体中扩散和常规化实施(routinization)？课程改革是教师们的创新行为，需要适应创新行为的管理方式。学校所期望的学术委员会的首要功能，便是“管”起各个学科组的课程改革。按照过去课程改革的经验，如果由学校行政部门主抓，则从校长到主任，再到学科组长和教师，会出现层层的信息“衰减”；而教师课程改革的成果，再经由学校推广，又是一个个决策和筛选过程，会出现层层落实过程中的信息“失真”。学术委员会委员本身就在教师当中，没有行政程序的约束，能够出现更多的横向对话与交流，将社会规范、专业权威和道德权威作为影响教师行为的引导力量，而把科学权威、心理权威和技术理性权威作为它们的支持①。

其中，委员们的专业权威体现在他们都是学校几个主要学科的“前任”组长，具有课程决策、开发、实施、评价、研究等方面的丰富经验；道德权威则表现为委员们长期的工作经验和带头人地位带给他们的社会威望，这使得他们的想法和意见能够在教师群体中更好地分享和接受，从而具有更高的“领导密度”②。

我们启动了学术委员会专业和道德权威的力量，但该作用力还需要有一个落脚的支点，学术委员会委员之间的交流还需要协调。因此，研究者和学校领导在多次研究之后，决定动用技术理性的支持力量，设计出以课程发展规划为“抓手”“自上而下”和“自下而上”相结合的课程发展规划实施方案。

该方案“自上而下”的部分，是学校关于课程发展的指导框架和建设性意见；给学科组较大的自主权去确定本学科的课程发展规划，这是“自下而上”的部分，跨学科课程发展规划由学校牵头制订。学校提供的指导框架包括两个主要内容。

第一，分类安排学科组课程规划。学科组的课程规划由两部分组成：常

---

① [美]托马斯·J. 萨乔万尼. 道德领导：抵及学校改善的核心[M]. 冯大鸣译. 上海：上海教育出版社，2002：63-66.

② 靳玉乐，董小平. 论学校课程领导的范式转型[J]. 教育理论与实践，2007(4)：44-48.

规性教研计划是指在学科组内部统一教学计划，按照教学节奏安排教学、交流教学难点和重点的活动安排；发展性教研计划是指未来三年课程建设的方向、阶段安排和预计成果。

第二，对话、交流、监测、支持是领导课程改革的主要方式。为了帮助学科组有效地制订自己的课程发展规划，方案设想学术委员会与学科组所有成员面对面交流，在充分交流的基础上，确定未来三年课程建设的方向，并集体商议过程安排和预计目标。

这个课程方案至少从设计理念上，体现了对课程改革的专业和道德领导力，也体现了将对话、交流、监测、支持作为管理方式的特征。以团队为单位、扁平化的组织架构以及学校行政的技术性、建设性支持也作为背景“编织”到方案中。该设计的概念、结构如图 7-1 所示。

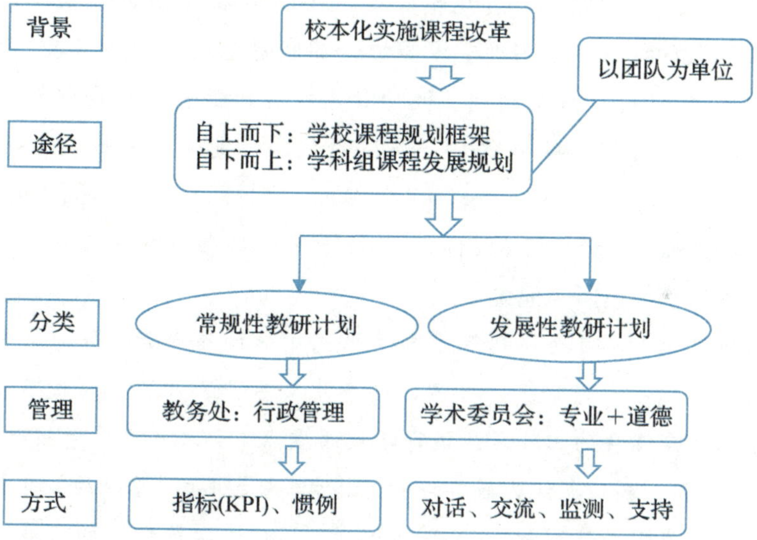

图 7-1　课程发展规划实施方案图

由于课程改革，普通高中的角色从一个按照教学大纲实施教学工作的实施者，成为按照培养目标选择和组织相应教学内容的设计者和实施者。角色的转换和课程研究职能的引入，放大了学校对传统的行政管理的不适应，于是模仿大学建立应对学术行为的专业组织，就成为学校制订和实施课程改革方案的解决路径之一。但是，毕竟知识的创造只是普通高中的一部分工作，普通高中学术委员会的知识管理和评估能力相对较弱，而对教师专业组织的研究活动的管理能力更强一些。

二、学术委员会建设方案实施过程中的问题

设想的方案(计划)在实施中出现的问题是显而易见的，发现问题不仅是进行学术性高中建设的原因和出发点，也是学术性高中建设过程中不断改进方案的动力。我们以“叙事”方式呈现学术性高中建设中的一些问题，整理成一份有情节、有内在线索的故事，将相关的教育理论隐藏在故事的深处①。

（一）组建学术委员会

学校学术委员会于2014年年底成立，由语文组前组长任主席，数学组前组长、英语组教师、地理组现任组长、政治学科带头人组成。在寒假中，学术委员会起草了章程。经过几轮修改，2015年学期初召开学校党政联席会议通过了该章程。章程明确学术委员会的职责范畴，即对学校“发展性事务”的管理，包括课程改革规划、教师专业发展和影响学校发展的根本性问题。行使学术管理权力的方式是，通过研究、咨询向行政提交有证据支持的建议。

与章程文本的规范、冷静相比，首任学术委员会主席在成立会议上的讲话有着强烈的感情色彩。他说：

学校成立学术委员会，体现了学术性高中建设的内涵。作为第一届学术委员会主席，我一定好好干；要不，这事就又不了了之了，那我不是罪人了吗？我们本年度开展的工作，应该和学校的重点工作相一致。学校部署了“友善用脑”的工作，我们也认为教师拖堂是违背“友善用脑”原则的。我们学术委员会今年的督查重点计划放在治理“拖堂”上。对于学校部署的发展性课程规划，我们也会配合学校的安排开展工作。

(二)三次交流

北京市第十一中学一直和北京师范大学的研究者有着密切的学术往来，在建立和运行学术委员会的过程中，学术委员会主席一直和研究者交流认识，

① 刘良华．教育叙事研究：是什么与怎么做[J]．教育研究，2007(7)：84-88.

彼此之间并不存在“合作尴尬”①。通过邮件和面对面交流，研究者和行动者对学术委员会的权力边界、行使权力的方式进行了沟通。

1. 关于监督“友善课堂”实施情况

学术委员会要以“拖堂”为抓手，监督“友善课堂”实施情况。为此，学术委员会主席在邮件中询问研究者：如何监督？学术委员会有权吗？能“管”教师的拖堂行为吗？

研究者在邮件中回答道：

关于权力，学术委员会也有也没有。以治理“拖堂”为例，如果学术委员会表决，认为教学常规要以治理“拖堂”为下学期工作重点，需要委员们用一周的时间，选择固定的时间观察，统计拖堂情况，向校行政提出教学常规管理重点的建议。如果委员们直接管理教师拖堂，那么就“过界了”。

在新学期第一次学术委员会和行政恳谈会上，学术委员会主席把“过界了”的故事说来给大家听。看得出来，他接受了关于“界”的初步认识。

2. 关于“课程发展规划”

在制订新学期学术委员会计划时，学术委员会主席曾经表示要按照学校的部署，配合学校开展课程发展规划的工作。学术委员会主席两次找到校长，询问应该做些什么。于是，校长约研究者与学术委员会主席见面讨论这个问题。

在研究者面前，校长露出了疑问：“学术委员会不是为我提供咨询的吗？怎么问我要干什么呢？”同时，学术委员会主席也表达了自己的想法：“大家的学科都不同，怎么能对人家的想法指手画脚呢？”

研究者分别与双方进行了交流。对校长说：“毕竟是行政赋权，学术委员会需要校方提供一个‘渠道和抓手’。”对学术委员会主席则解释道：“对话、沟通是一种帮助，不是让学科组按照学术委员的意见去制订本学科的课程发展规划，而是利用学术委员的经验，激发各学科组去想应该做些什么，怎么做。”

2015 年 3 月 17 日，“学科组‘发展性计划’对话交流会”在字校大礼堂召

① 刘良华．重申“行动研究”[J]．比较教育研究，2005(5)：76-79.

开。五位学科组组长汇报了“发展性计划”的要点，并回答了学术委员会相关委员的问题。会后，学术委员会委员集中起来，他们中弥漫着对话和交流带来的智力上的愉悦感。他们在第一时间做出决议：本学期要进行两次评估，五月份交流阶段性成果；期末时，通过审阅各学科组递交的相关总结(主要是成果展示)文字，做出本学期对该工作的第二次评估，并从中选出优秀成果。

3. 关于“奖励”

学术委员会完成了与所有学科组的交流(注：委员们称之为“第一次评估”，于5月28日顺利结束)后，递交了第二次评估的方案。其中，对于如何处理两次评估的结果，研究者与学术委员会主席有不同的看法。

学术委员会主席：两次评估，学术委员会委员们付出了大量的时间。李老师、谷老师都带高三，拿出这么多时间来真的不容易。而且，我们虽然能力有限，但是评估结果还是非常有价值的。它让我们看到了学科组的建设状况存在很大差异，有的学科组能力很强，像化学和地理，有些就稍弱。我们应该找个机会公布出来，引起大家的注意，不能评完了就完了。

研究者：我倒认为应该采取“只奖不惩”的方式。“奖”说明教师做出的创新会得到制度性的鼓励，而“没有做”或者“做不好”并不是教师没有完成任务。因此，用“不惩”体现对发展性工作的定位。

校长：每年暑假结束之际，我们都要召开教育教学研讨会，那今年除了总结一学年的工作，汇报中考和高考情况之外，第二天的时间都交给学术委员会，由学术委员会安排日程。

运行两年后，学术委员会已经运行良好。每年根据学校的工作重点，履行监测职责，提交分析报告；每年与学科组进行课程发展规划的对话和交流，主持和发布学校课程发展方面的报告，也发现并整理了化学、地理组发展性规划实施的经验材料，准备在2017年暑期教育教学研讨会上组织教师们讨论。

三、关于学术委员会的思考

在学术委员会的运行过程中出现的冲突和问题，是在当初的方案设计阶段没有想到的，这正体现了改革的过程比设计更加艰难和激烈的实质。在这个过程中，可以总结出三个主要的结论。

（一）作用空间和机制的生成性

学术界关于学术委员会的研究主要以大学为对象。在经过引介、评论阶段后，开始立足中国社会的发展阶段，提出一些根本性的命题，如学术委员会与行政的关系，认为中国的大学学术委员会不是自发演进的产物，而是一种后生的民主参与管理制度，它要解决如何有效地嵌入已有的领导管理体制中的问题。因此，建立学术委员会，除了设计和设想它自身的运行机制之外，还要调整大学内外部各种领导管理关系，营造学术委员会发挥作用的制度和文化环境。①

曾经担任多年英国大学副校长②的阿什比，亲身经历了英国传统大学在科技时代经历的冲击和巨大变革，认为大学和动物、植物一样，都具有由遗传和变异决定的“进化”过程③。在中学，课程改革将创新和发展的使命引入学术委员会制度，其作用空间和机制需要不断演进、不断明确，是新的工作机制引入原有体系的必然现象。在行动研究中，尽管校长、学术委员会主席和研究者都对学术委员会的工作抱有极高的期望，但实践中仍然会出现互相理解上的偏误，如表 7-1 所示。

表 7-1　学术委员会工作方案实施前后的差异

	动机	作用空间	落脚点	管理方式	平台
方案设想	学校工作	课程开发	发展性规划指导	对话、交流	无
实施后	学术权力	课程开发 年度工作重点	①发展性规划指导、监督、评价 ②年度重点工作监督	对话、交流、监测、评估	年度教育教学研讨会

在设计方案中，学术委员会履行对学校“发展性工作”的指导、监督和评价。在实施过程中，“发展性工作”包含了学校年度工作重点，这很偶然地取决于学术委员会主席对拖堂现象的反感。在方案中，对于实施课程改革的重

① 别敦荣．大学学术委员会的性质及其运行要求[J]．中国高等教育，2014(8)：27-30.

② 在英国，大学校长往往是著名人物担任的名誉职务，副校长才是真正的校长。

③ [英]阿什比．科技发达时代的大学教育[M]．滕大春等译．北京：人民教育出版社，1983：7.

要突破点——发展性规划，学术委员会反而表现出不愿意“插手”的态度。与此同时，三方对交流、指导、监督、评价有不同的理解。校长看重指导，希望学术委员会能够拿出好的办法来帮助校行政和学科组；学术委员会把重点放在了监督和评价上，认为监督和评价权才能够体现学术委员会的“权力”；研究者则认为，首先应该学会对话和交流，处理好学术权力和行政权力的关系，把握好各自的界限和职责履行的方式①。

最终，学术委员会的运行机制未完全符合任意一方的期望。例如，学术委员会的咨询(即指导)功能仅局限在监督和评价中所发现的问题，其实难以满足校长所期望的学校发展咨询功能。学术委员会虽然认可了对话、交流和监督是学术管理的基本方式，但具体实施起来仍然习惯于学科组汇报，委员们评论的“台上台下”交流方式，研究者心中所期望的袒露意见、真诚交流也还欠“火候”。但这是方案从设想到落实过程中真实的样态。学术委员会将来发挥作用的空间和机制还会有所变化，设想目标与实际运行机制之间的偏差恐怕永远难以避免。设想与实施者之间互动而产生的“生成性”，是制度建设过程的基本特征。

学术委员会是进行学术管理的组织。这个组织发挥什么作用，有规范性目标，如科学、民主决策，但这个目标实际上是不断演进、不断丰富的，并不存在概念上一旦确立，实践就一下子达成的状况。即使在美国高等教育非常发达的加州，大学学术评议会的作用空间和机制也是规范性目标(民主决策)和一百多年不断改善的结果②。

（二）“对话和交流”的再认识

中小学从事行动研究的目的，就是通过与大学的合作，引入不一样的思维方式，改进教师的教学实践。因此，中小学教师与研究者间的“对话和交流”，是行动研究的关键特征。除此之外，学术委员会履行学术权力的基础是学术权威以及对话、交流机制。该机制最早由哈贝马斯(Habermas)在伦理学的意义上提出，后经过弗里茨·K. 奥泽(Fritz K. Oser)引入教育领域，主张

① 别敦荣．大学学术委员会的性质及其运行要求[J]．中国高等教育，2014(8)：27-30.

② 张松，刘志民．美国加州大学学术评议会的发展历程、组织构架与运行特点[J]．高教探索，2015(11)：53-58.

群体通过包容性的对话程序，互相激发对复杂冲突问题的看法①。后来，这种对话、交流机制从伦理学走向实践领域，成为教学和学术等不适合权威管理的领域中专业交流和探索所遵从的准则②。

在学术委员会的建设过程中，有两个细节从不同方面佐证了研究者和教师对于学术管理中“对话与交流”方式的认知差异。第一个是关于学术委员主席对学科组“发展性规划”的态度，他认为学术委员会不能对人家学科的事“指手画脚”。第二个是学术委员会与学科组第一次就“发展性规划”进行交流的时候试用汇报和询问的方式，学科组台上汇报，学术委员们台下询问，而且学术委员会试用的名称叫作“第一次评估”，把学年末的交流称为“第二次评估”。这是无意识情况下的安排，但可以看出学术委员会与学科组之间的关系，还是强调评价和建议，而较少有“对话、交流”。语言上“一问一答”的方式，显示了对话还停留在彼此“了解”的层次上，没有借助语言上的反复追问，实现深度交流和达成学科“发展性规划”的共识。学术委员会如何超越程序正确和学术权威阶段，借助语言的理性力量，实现一致性意见，还有很长的路要走③。

当然，即使在有着悠久社群主义传统的国家，“对话与交流”也不是一件容易的事。当教师以“改进学校实践”为目的进行行动研究时，原本应该与研究者一起审视教学过程，不断改进教学行为。但是，“改进”却越来越多地具有了“批判”的意味。它用反对行政权力的方式，宣扬自己的权力，这也是对“对话与交流”方式的不屑。这让人不禁怀疑这种“改进”已经内在地蕴含了“批判”性，以及下一步经由“批判”而“改进”自己教学的可能性。

学术委员会委员们对自己评判学科组“发展性规划”的能力的认识，从另一方面揭示了“对话与交流”的学术文化在我们意识中的欠缺。“对话与交流”所看重的并不是参与者所拥有的权威，而是使用语言和理性去启发深度交流的能力。从这个意义上来说，学术委员会不必在学科知识、学科发展方向的

---

① Fritz K. Oser. Moral Perspectives on Teaching[J]. Review of Research in Education, 1994, 20(1): 57-127.

② 王凯．基于对话伦理学取向的程序性师德观[J]. 教育发展研究，2013(10)：45-49.

③ 王珊，苏君阳．论学术委员会学术权力的对话伦理规范[J]. 清华大学教育研究，2016，37(1)：63-68.

把握上超越学科组，而是以平等的地位，通过“对话”启发学科组进行深度思考，提高其在制订学科“发展性规划”时的参与性、系统性。

课程改革进入校本化实施阶段后，将研究和发展的任务带入中学。学术委员会的职责，不仅仅是以经验和学历为基础建立起进行学术评价和监测的权威，更要以“对话”能力为关键，启发其他教师共同进入深度思考的状态。课程改革给中学带来的深远影响，不仅仅是知识样态、获取方式上的变化，还有思考方式和专业伦理、学术文化层面上的变化。

第二节　教师课程研究成果

按照学校“成长”课程发展规划，学校沿着三个系列开始了课程研究探索，分别是国家课程校本化改革、学科组“发展性计划”、年级组“发展性计划”。与以往不同的是，教师课程研究的成果不仅是最终的呈现形式，还要体现我们对该课程的思考以及教师们对这些设计的评论。

一、学术性高中建设之综合课程研究

人文综合课程将历史与政治知识贯通，调整了政治模块原有教学顺序。第一学期将历史必修 1 与政治必修 2 按照“民主制度”我国的国家制度”“国际社会”三个专题进行梳理和整合；第二学期将历史必修 2 与政治必修 1 按照“经济制度”“世界轨迹”两个专题进行梳理和整合。从而将历史和政治知识按照学生生活其中的社会，按照从古到今的方式结合起来，试图让学生发现人类的政治和社会生活的长期演变过程，用历史观解读现有制度的合理性，培养学生发现、思考和解释的能力，使学生逐步树立政治生活的历史观。

艺术总论课程尝试将原有的音乐及美术课程合二为一，将艺术课整合成一个有相互关联的领域化知识学科，将专业的技巧传授转变为知识和认知方法的探讨学习。课程通过专题研究形式，将“艺术对情感的表达”“艺术与现实社会的关联”设置成适合讨论的问题和可以用不同的艺术形式表达的主题抛给

学生，试图使学生通过对周围生活的艺术体验，在不断怀疑中慢慢摸索，学习批判性地思考问题，并得出自己独立的观点。

两门课程均借鉴国际文凭课程的知识论，强调学生的学习是利用已有的知识体系去理解和认识周围的世界。因此，学生学习的本质就是用人类积累的各种学科知识去理解和认识周围的世界，而解释或评论周围的世界便是学生学习的成果。两门课程力图培养学生积极主动地以批判性和创造性的方式运用思考技能来识别和处理复杂问题，并做出理由充分、合乎伦理的决定，从而更好地去理解、认识、解释和评论其周围世界的能力。

（一）人文综合——工业革命后时代的生活

技术、经济生活等宏观问题与学生日常生活之间的关系，是国际文凭课程强调的重点之一，也是我国课程改革中着力体现的原则。科学、技术、经济和社会不是悬置在学生生活之外的世界，而是学生生活中的一部分。

通过工业革命后时代的生活这个题目，我们借助跨学科的视野，将工业革命作为历史上的一个时期，让该话题与社会变革横向结合起来，了解我们今天的一些生活方式和观念，这些都是和这个巨大的技术革命结合在一起的。此外，该话题试图阐释技术和社会变革之间的联系，以及人类社会如何不断调整自己的价值和伦理去适应技术变革所带来的冲击。

【设计理念】 知识虽然按照学科进行组织，但学生认识社会是以问题的形式出现的。课程需要拓宽学生的视域，在历史变迁中、在中外比较中把握当前的经济、政治、文化问题。

【学科解读】 将政治和历史课程的部分内容按照主题进行综合，由两位教师以两节连上的方式，站在不同的角度，深入剖析一个主题，培养学生综合分析能力。

教学基本信息			
课题	工业革命后时代的生活		
授课教师	赵宇、王萌	学科	历史、政治
年级	高二	课型	人文综合

续表

教学目标			
1. 知识与技能。 通过课程的学习，学生能够回顾工业革命的发展历程，了解工业革命对于人们生活的改变以及工业革命后时代的生活变化。 2. 过程与方法。 学生能够认识科技发展、经济发展与人们生活的密切联系，通过多方面、多维度的资料分析，利用学科思维尝试构建联系。 3. 情感、态度与价值观。 学生能够将历史情怀与时代精神有机结合，了解世界变迁，并转化为现实关怀。			
教学重点			
学生能够了解科技、经济发展对于人们社会生活的影响。			
教学难点			
学生能够运用已有知识建立知识内在联系，形成思维方式和思维品质。 （立足于学生的“经验—分析—发现”的认知过程。）			
教学方法			
小组合作、研究式			
教学过程			
教学环节	教师活动	学生活动	设置意图
导入	（视频材料导入）播放微视频，回顾工业革命的发展历程。	认真观看微视频。	唤醒学生自身已有的知识内容。 （着眼具体史料的解读与运用，鼓励学生根据自己已有的知识结构建立对应的思维联系，帮助理解具体历史事件所产生的影响。）
回顾	让学生观看2012年伦敦奥运会开幕视频。	观看视频，提取关键词。 预设关键词：产业工人、蒸汽机、劳动力、城市扩张、圈地运动、技术变革、社会结构与关系变革、平面印刷、抽水马桶、烟囱、妇女平等投票权、田园破坏等。	通过微视频形式，帮助学生冲破原有的认知习惯，打开思路。

续表

联想	准备图片、文字、表格等相关资料。	联系导入部分的关键词、已有知识和相关材料，尝试分析工业革命给人们生活带来的影响。**（以小组形式完成，班级自选分享。）**	鼓励学生利用已有知识和线索，尝试建立学科内思维联系，认识工业革命的影响(宏观方面)。
承转	播放视频。	观看视频，回望人类历史长河中科学技术带给人类社会发展的巨大推动，对比农耕时代、工业时代和互联网创造的社会变革。	将学生引入互联网技术正开创的一个全新的时代。
论证	布置任务：提前给学生呈现观点，让学生自己查找资料加以论证。	分组探讨互联网带给人类经济、文化、社会、政治、人性等各个方面的深层次变革。	根据历史已建立的思维线索，从繁到简，勾勒技术对生产和生活的影响；培养学生辩证的思维方法和分析论证方法。**（从纷繁复杂的历史考据中获得概括抽象的结论，并用于分析研究当今社会现实问题，把握必然性，提高预见性。）**
眺望	布置任务。	置身时代，用图画、符号、数字、公式的形式创意展望互联网未来发展的可能和对人类社会、人类文明的深远影响。	将历史情怀与时代精神有机结合，培养学生综合看世界的眼光。

（二）艺术总论——西方现代艺术的兴起

艺术教育落脚在体验、素养还是技艺上？答案似乎是显而易见的，但是在我国，正如体育从竞技体育向大众体育的艰难转型一样，艺术教育从技艺、技法走向素养和体验，也不是一件容易的事。

艺术总论设计让学生理解从经典艺术走向现代艺术的过程，是从崇尚技艺走向崇尚自我个性的表达。在形式上，可以做一个实验，把学生分为几组，准备好大白纸、大刷子、颜料等，让学生戴耳机听音乐进行即兴涂鸦创作。每组学生看不见其他组的作品，听到的也是不同类型的音乐，如古典、民谣、爵士、摇滚等。最后，让学生在创作的基础上进行展示、讨论，把美术和音乐都放在里面，甚至可以加入芭蕾等舞蹈。这些艺术形式都经历了一个革命的过程，最后体现出“人”的发现。总体来说，思想是最核心的，是否要采用刚才提到的形式完全取决于教师的设计。

教师对这个过程的把握也非常到位。他们先讲一部分知识，铺垫一下，然后让学生听音乐涂鸦，给学生音乐的刺激，让学生体验情绪的变化，突显从古典走向现代的特征。最后，还给学生留一点时间，让他们进行抽象思考，将艺术感觉上升为素养的积累。

【设计理念】 在音乐和美术课程的学科知识之上，以艺术是人类对自己感受的表达为切入点，超越具体艺术形式，帮助学生认识艺术形式与艺术内容之间的关系，提高学生的鉴赏水平，同时使学生主动尝试用多样化的形式表现自己的感受。

【学科解读】 将原有的音乐及美术课程合二为一，打破原有的零碎化、专业化的教学内容，将艺术整合成一个有相互关联的领域化知识学科。

教学基本信息			
课题	西方现代艺术的兴起		
授课教师	蔡斯斯、刘卓佳	学科	美术、音乐
年级	高一	课型	艺术总论(鉴赏与评述)
教学目标			
1. 知识与技能。 通过课程的学习，学生能够回顾现代艺术的发展历程，了解艺术表现中“个人主义与形式主义”的汇合过程，在历史梳理中体会人的加入对艺术表现形式的影响。 2. 过程与方法。 艺术观点的建立也需要通过多方面、多维度的资料和证据加以说明，学生能够体会艺术鉴赏的方法。 3. 情感、态度与价值观。 学生能够感受到西方现代艺术的发展是与西方的历史情境密切相关的，人的思想和情感的引入，给艺术增加了价值观和灵魂。			

续表

<table>
<tr><th colspan="4">教学重点</th></tr>
<tr><td colspan="4">学生能够分析阐述西方现代艺术产生的原因、过程、特征及其后果。</td></tr>
<tr><th colspan="4">教学难点</th></tr>
<tr><td colspan="4">1. 内容较多，且涉及美术和音乐两个学科相关联的知识，学生要做到准确、完善并非易事。
2. 本课涉及西方历史和哲学等方面的知识，这些知识是如何与美术和音乐的发展联系起来的，学生需要下一番功夫来学习。</td></tr>
<tr><th colspan="4">教学方法</th></tr>
<tr><td colspan="4">分析讨论法、交流对话法、小组学习法</td></tr>
<tr><th colspan="4">教学过程</th></tr>
<tr><td>教学环节</td><td>教师活动</td><td>学生活动</td><td>设置意图</td></tr>
<tr><td>导入</td><td>1. 古典时期的艺术。
①展示古典时期的大师画作，引导学生回顾古典时期的艺术特征。
②以古典绘画作品为背景，播放同时期的音乐作品，引导学生回顾古典时期音乐的艺术特征。</td><td>看、读、欣赏、分析作品，思考、交流、回答问题。</td><td>体验艺术的发展与历史情景的相关。</td></tr>
<tr><td>欣赏</td><td>2. 古典艺术作品赏析。
意大利 达·芬奇《蒙娜丽莎》
意大利 贝尼尼《阿波罗与达芙妮》
德国 鲁本斯《三美神》
法国 达维特《拿破仑越过圣贝尔纳山》
法国 安格尔《泉》
奥地利 莫扎特《天鹅之歌》</td><td>赏析、交流</td><td>在体验后，引入交流，充分调动学生自主学习的积极性。</td></tr>
<tr><td>新授</td><td>3. 西方艺术告别古典，走向现代。
①讲述一个故事：音乐家德彪西与画家莫奈之间的友谊，他们互以对方的作品为灵感，进行创作的故事。</td><td>聆听、感受、联想、思考</td><td></td></tr>
</table>

续表

	②播放德彪西的乐曲，引导学生画出听到的画面，从而感受艺术从古典到现代的转变。 欣赏印象派大师的作品。 法国 德彪西《月光》 法国 莫奈《日出·印象》 ③播放从印象主义到波普艺术的各类绘画作品，结合同时期的音乐流派作品欣赏，对19世纪以后的西方现代主义艺术的巨大变革进行简要清晰的了解。 提问： 为什么西方艺术在19世纪会发生如此大的变革？ 19世纪西方艺术的基本特征是什么？	画一幅印象主义风格的小画。 欣赏、感受、思考、讨论 从《美术鉴赏》13课的内容中寻找答案，并完成学案。	 提出问题；激发学生从实践中探索新知；运用学案，引导学生自主学习。
应用	4. 组织辩论。 提供正反两方观点，组织学生进行辩论。 （问题教学：引导学生自己提取本节课的教学重点，即你最想搞清楚的问题是什么？提取为两个问题，以学案的方式发给学生，小组讨论，完成知识获得。） ①正方观点：西方艺术经过19世纪的变革，艺术的内涵更加深刻，形式更加自由，是真正符合艺术自身发展规律的有益变革。 ②反方观点：西方艺术经过19世纪的变革，已经走到危险的边缘，艺术的出路应该回归古典艺术，注重技法和理性，反对感性和自由。 （培养学生艺术素养。文化理解包括：对西方现代艺术做一个概括	思考两方观点，寻找立场，进行辩论。	通过辩论，使学生能够深化思考，进一步对本课的难点知识进行自主学习。

续表

	的历史梳理，使学生能够认识到，西方现代艺术的发展是与西方的历史情境密切相关的；了解西方现代艺术产生变革的动力。图像识读包括：对比欣赏古典与现代艺术作品，分析西方艺术是如何从古典转化成现代风格的，以及西方现代艺术的特点。审美态度包括：通过观点辩论和作品欣赏，使学生得出自己对于19世纪以来西方艺术发生的这一系列变革的态度。）		在辩论中，体会人的情感和价值的加入对艺术形式的改变。
总结	5．课堂小结。 通过刚才的辩论，学生对西方艺术在现代的巨大变革以及它的特征有了自己的理解和认识。不管是否接受这种变革，变革已然存在，并对今天的世界艺术格局产生并依然持续着影响力。它对中国同时期的艺术有没有影响呢？有什么样的影响？下节课再来一起学习。 （通过辩论赛，帮助学生形成自己对这一时期艺术发展现象的态度，形成独立的观点，这一能力的培养恰恰是人文学科应该给予高中阶段学生思维判断最重要的能力获得。）	形成关于西方艺术发展的态度和认识。	对学生的辩论进行一个开放式的总结，并引出下节课的学习内容。 （设计游戏，学生实践体验艺术自由的创作过程。）

二、学术性高中建设之特色课程建设

特色课程是学校课程建设着力打造的另外一个品牌。如果说国家课程校本化改革是以国家课程的结构架构学校育人目标的话，那么特色课程建设就是直接地、实实在在地体现学校的育人目标。

（一）体验式阅读课程——群英会蒋干中计

在许多阅读指导教师看来，阅读最难以解决的是，选择学生能够接受和理解的书目。比如，《麦田守望者》对学生们来说，可以读，但读完以后要有深刻的体悟，对他们来说很难。学校暑期给学生布置的阅读任务是《四世同堂》《穆斯林的葬礼》。虽然后者没有列在必读书单里，但因为也是老北京的平凡人的故事，所以我们一起布置了。

尽管《四世同堂》是必读书目，但是就体验式阅读来说，该书不容易体验，因为书中出现的人物没有太多的争议和纠结，是爱国主义和正义的教育，没有展现人性中的复杂。《穆斯林的葬礼》中就有，主人公对玉器的执着，对理想中爱情的执着，还有对身边女人的忽视，所以他一生都是“生活在别处”的、不现实的、理想的状态中。文学作品经常要表达一个好人对另一个好人的伤害，从而产生人性的纠结。

《欧也妮·葛朗台》或《巴黎圣母院》也有这样的纠结。这些也是必读的经典书目，需要让学生在更加开阔的视野中认识这些书中的人物。葛朗台老头是一个吝啬鬼。我们可以让学生延伸思考一个问题：当一个人对一个东西特别执着的时候，他一定缺这种东西，那么葛朗台老头缺什么，或者是犹太民族缺什么？巴尔扎克不惜把老头描绘成这样，他想要表达什么？这都是对人性的思考。

体验式阅读是使学生将成长过程中的普遍问题，借助阅读实现与他人的交流，分析自己的经验与展示经验；是在原有自主阅读课的基础上，适应了当今新课程对语文阅读教学的要求，将体验作为学生主体学习和发展的一种基本途径，使阅读成为一种学生个性化的行为。这种教学方式通过每个主题的引领，帮助学生完成阅读，丰富人生。体验式阅读设置如下主题：自尊与虚荣、爱情、友情、修养、梦想、勇气等。

教师在进行教学的过程中，为了激发学生讨论和表达的愿望，采取了一些“小技巧”，让学生提前把他们的问题都罗列出来，用抓阄的方式给他们分配任务，这样每个人都能参与讨论。在阅读书目的选择上，教师选择了《三国演义》中的“蒋干中计”这一节。教师的解释是学生们不爱发言，就给他们选择一个极傻、极不可理喻的人物，让他们对这个人物的表现气愤和着急，以此激发他们发言的欲望。

【设计理念】 让学生在阅读中体验，在体验中讨论，在讨论基础上展示，扩大学生的阅读量，引导学生在阅读中分享、交流、表达自己的阅读体验，促进学生的情感发展和思想构建。

【课型解读】 弱化文学的工具性；强调文学激发情感和思想的功能。

教学基本信息			
课题	群英会蒋干中计		
授课教师	梁琦	学科	语文
年级	高二	课型	体验式阅读
教学目标			
1. 知识目标。 学生能够掌握课文的情节设置和人物刻画特点。 2. 能力目标。 学生能够提高对经典文学作品的研读能力和鉴赏水平。 3. 情感目标。 学生能够感受经典作品魅力，丰富对历史和人生的认识。			
教学重点			
1. 学生能够掌握课文的情节设置和人物刻画特点。 2. 学生能够提高对经典文学作品的研读能力和鉴赏水平。			
教学难点			
学生能够感受经典作品的魅力，丰富其对历史和人生的认识。			
教学流程示意图			
预习自读→链接材料、导入新课→结合文本、品读探究→加深领悟			
教学过程			
教学环节	教师活动	学生活动	设置意图
导入 新课	1. 人们对“蒋干中计”的质疑。 明确： ①“反间计”漏洞太多。 ②罗贯中笔法太拙。	提出疑惑。	“反间计”漏洞带来的疑惑引起学生深入探究的兴趣。
	2. 回归作品，思考问题。 ①找出“反间计”的漏洞，并阐释原因。	交流体会，组织语言并发言。	

续表

结合文本，品读探究	明确：先朗读找到的文字，再谈原因。 ②针对自己找到的漏洞，重新设计，以求万无一失。 明确：经典是不可以改动的。 ③为何如此多的漏洞，而蒋干却看不出来？ 明确：蒋干太自负。	个人思考问题。	引导学生在充分的言语实践中，增强表达交流的能力、解决实际问题的能力，在解决这个多角度、多层次问题的过程中，提高研读和鉴赏的能力。
加深感悟	3. 结合学过的作品和现实，谈谈对自信和自负的认识。 （以“群英会蒋干中计”为体验文本，结合学生在阅读过程中的读书笔记，探讨交流，并针对一些有争议的问题进行讨论。教师通过问题设计引导学生谈谈自己个性化的阅读体验感受。）	小组讨论问题。 （学生体验经典作品情节的巧妙，通过探讨交流，观点碰撞，充分调动自己的生活经验和知识积累，在主动积极的思维和情感活动中，获得独特的感受体验和理解。）	丰富学生对历史和人生的认识。

（二）生涯规划课程——生涯适应力之问题解决

生涯教育是一种唤醒教育，是一种能够激起学生个体对自己的人生做出一种较为科学规划的教育，落脚在帮助学生认识自我以及自我管理和生涯规划，为学生的终身发展奠定基础。课程内容包含四个主题：第一部分是生涯适应——适应环境（人文、物理）和适应学习；第二部分是生涯探索——自我探索（性格、气质、兴趣、能力、价值观等）和职业探索（认识职业、各个职业领域的认知与体验、职业能力等）；第三部分是生涯管理——目标管理、自制力、角色管理、情绪管理、决策力；第四部分是生涯规划——学习规划、职业规划、人生规划。采用“体验学习”和“问题解决”的学习方式。

在选择和设计教学的过程中，教师有几个顾虑。对于高一的新生，刚开学一个月，就开这个课，是不是太早？在课程中，它处于一个什么样的位置？怎样给学生做铺垫？为什么上这个课，它与其他课的关联在哪？通过集体研究，教师们取得一致意见，即生涯规划课程的设计思路是解决问题，不在于理解职业。它是非知识体系，所以我们不需要考虑它前置的知识点和后置的知识点是什么，要放弃这种做法。我们现在强调的核心素养，是在基本的读、写、算、批判性思考的基础上，给出任何素材，都能进行加工的过程。把它变成职业世界也可以，变成生活中解决问题的能力也一样。如果小区要建停车场，学生要进行角色划分，课程给出了很多材料。比如，小区居民有多少，车位有多少，到小区里停车的人是多少，停车费是多少。学生作为小区居民、小区管理者，要做什么样的反映呢？让学生分析，最后告诉学生他们的停车场建设方案成功了，为什么；失败了，为什么。

对生活中的问题进行分析并尝试解决问题的目的在于任何一个职业都要考虑职业对象和目标之间的关系，掌握必要的数据，采取必要的程序，从而解决问题。在这个过程中，有人成功，也有人失败，这与沟通能力、材料处理能力等有关。这就是核心素养。

【设计理念】 在解决问题中，理解职业世界中对“我”的精神、态度、认知和技能的要求。

【学科解读】 这节课是生涯规划课程中的第一部分。生涯适应中的内容包括环境适应、人际适应、团队适应、问题解决、时间协调等。这节课属于问题解决的章节。

教学基本信息			
课题	生涯适应力之问题解决		
授课教师	郭姗姗	学科	生涯规划
年级	高一	课型	问题解决
教学目标			
1. 知识与技能。 学生能够对社会中不同职业角色的工作内容、工作特点、职业态度、职业道德有所认识，提升公民核心素养以及生涯适应力。 2. 过程与方法。 学生能够通过创设情境、模拟体验、小组讨论的形式，感受不同职业的岗位职责和工作态度，提升搜集信息、逻辑思考、协调沟通、解决问题等职业素养。 3. 情感、态度与价值观。 学生能够客观看待不同职业的职业精神与价值追求，从更系统优化的角度关注问题解决。			

续表

教学重点			
学生能够体验不同职业的岗位职责和工作态度，提升搜集信息、逻辑思考、协调沟通、解决问题等职业素养。			
教学难点			
学生能够客观看待不同职业的职业精神与价值追求，从更系统优化的角度关注问题解决。			
教学方法			
创设情境、模拟体验、小组讨论 **(通过模拟游戏解决实际问题。本节课设计的模拟游戏来源于实际生活，学生在玩游戏的过程中解决了实际生活中的难题，同时也提升了自己解决实际问题的能力。)**			
教学过程			
教学环节	教师活动	学生活动	设置意图
导入	告知学生本节课的活动内容、活动目的。	明确木节课的学习内容和目标。	引导学生有目的性地参与活动。
主题活动	1. 介绍游戏背景和游戏规则。	1. 明确游戏背景和游戏规则。 A小区位于北京市中心地带，周围没有宽敞街道，被胡同包围，胡同内有一些蔬菜店和水果店。该小区共有业主300人，租户200人，地面车位面积约1800平方米，共180个车位。小区居民停车不需要缴费，自行寻找车位停放车辆。 目前，由于小区内居民购车较多，车位越来越紧张，许多车辆挤在便道上，妨碍了居民出行。于是居民们找到业委会和物业公司要求解决此问题。物业目前采取了“业主可停车、租户不能停车”的管理办法。于是租户只好把车停到小区外面的胡同里，导致小区外面交通拥挤，经常出现车辆剐蹭。蔬菜店和水果店的生意也受到了影响。于是小区周边居民找到居委会和街道要求解决此问题。	创设情境，激发学生兴趣。 **(以一件生活中的平常事作为视角，引发出不同社会职业的职业价值、利益冲突，展现了不同职业的职业态度与职业精神；让学生从更加全面系统的视角来认识、理解社会中的职业。)**

续表

主题活动	1. 介绍游戏背景和游戏规则。	在这样一个背景下，街道组织相关人群协商讨论A小区改建停车场的问题，召开了第一次协商会议。 角色分配及任务： ①居委会负责人员、小区物业管理人员、开发商代表、水果店老板、业主委员会代表需根据本组分配的职业角色思考如何建停车场能够达到利益最大化，并制订相应方案。在协商会议上陈述自己的方案，并根据其他角色的陈述与评价修订完善自己的方案。 ②街道代表需组织居委会负责人员、小区物业管理人员、开发商代表、水果店老板、业主委员会代表参与协商会议，并进行会议主持。在讨论过程中，对他们的观点进行记录、整理、点评，最后表明自己的态度。 **（要点：场景，过程记录，组织各种角色。）**	
		2. 开展模拟游戏活动。 ①街道代表负责组织、主持本次协商会议。	提升学生的组织、协调能力。
		②每个角色分别陈述自己的改建方案。	提升学生的倾听、表达、沟通能力。
		③街道代表记录、整理各个角色的发言，并发现问题，进行点评。	提升学生的信息搜集、记录整理、评价总结的能力。
		④各个角色再次修订改建方案，再次陈述。	提升学生的信息搜集、逻辑思考、统筹协调以及倾听、表达、沟通的能力。
		⑤街道代表记录、整理各个角色的发言，并进行总结及点评，表明自己的态度。	提升学生的信息搜集、记录整理、评价总结、统筹协调的能力。

续表

主题活动	2. 指导学生调整方案。 问题启发： ①你如何看待各种角色间的利益冲突？ ②技术在解决问题当中的作用是什么？ ③沟通和交流能否解决问题？ ④在解决问题时我们应该更关注平等还是公平？ ⑤职业精神与公民精神的联系是什么？	关注评价标准，自我审视本组方案，思考教师提出的问题。	引导学生系统、全面地审视彼此的方案，站在公民角度思考社会职业问题。
	3. 教师点评。	聆听，思考在活动中的收获。	对游戏活动进行总结。
分享	引导学生总结、反思本节课的感悟、收获。	反思本节课的感悟、收获，填写感悟卡。	梳理思路，将感性体验提升为理性认知。
总结	总结本节课活动。	倾听教师总结，思考本课实际获得。	总结、提升本节课的意义。

附件一： 小组任务单

本组策划过程记录

1. 从游戏背景中我们了解到以下信息：

____

____

2. 我们发现目前急需解决的问题以及计划采取的解决方案是：

____

____

3. 在制订方案时，我们考虑的因素包括：

____

____

4. 对于第一次协商会议，我们预想可能会出现的问题以及解决方案是：

____

____

停车场改建草图

在框内画出停车场改建草图。

停车场改建方案

（初稿）

策划方：__________

____

____

____

____

____

本组讨论过程记录(街道代表)

1. 从游戏背景中我们了解到以下信息:

____

____

2. 我们发现目前急需解决的问题有:

____

____

3. 在协调组织讨论以及决定最终方案时,我们考虑的因素应该包括:

____

____

4. 对于第一次协商会议,我们预想可能会出现的问题以及解决方案是:

____

____

5. 在协商会议中,我们的人员分工如下:

____

____

主持人:__________

记录员:__________

评论员:__________

仲裁:__________

附件二: 会议记录单

与本组观点一致的角色有:

与本组观点冲突的角色以及冲突的观点是:

我们在讨论中新发现的问题有:

我们的修订方案是:

____

停车场改建草图(修订)

在框内画出修订后的停车场改建草图。

会议记录单(街道代表)

发言人	发言要点	亮点与不足	我们的建议

附件三：个人感悟卡

在本次游戏中我扮演了______角色，对这个角色我最深的认识和感受是______。除了这个角色，我还对______角色印象深刻，因为______。通过今天的活动，我最大的感受和收获是____________。

(三)生态课程

生态课程依托"北京城市与区域生态实验室"，包括相关基础知识和基本科研技术的课程，以及以水体、大气、土壤等环境为研究对象的研究性学习和综合实践课程。对区域环境问题进行定性研究，对水体、大气、土壤成分和有机物样本进行定量分析，对相关的生态环境问题进行模拟、控制研究，并将获得的第一手研究数据与城市、区域发展相结合，提出可供参考的合理化建议。

生态课程突出实践性、开放性，将学生带到真实的自然环境中，启发学生发现问题、解决问题，并依托实验室指导学生进行定量分析。学生通过参与课程的学习，获得相关领域的学科知识、实验操作技能，拓宽视野，形成严谨、求真的科学思维及热爱自然、热爱科学的精神。

1. 生态课程教学设计——校园池塘水质的监测和保护

【设计理念】 让学生体验科学研究的过程，亲历发现的过程。

【课型解读】 以调查发布会的形式展开。

教学基本信息			
课题	校园池塘水质的监测和保护		
授课教师	桑希	学科	生物
年级	高二	课型	研究性学习小课题研究
内容简介			
由生态课程研学小组针对“校园池塘水质的监测和保护”这一主题依次发布研究过程和研究成果，用数据说明水质污染的严重程度，并对导致原因进行分析，引起学生的关注和思考。学生通过已有的知识和网络资源进行讨论、筛选、策划，制订水质改善的尝试方案，提交有关部门，并作为新一轮的研学课题持续监测水体质量，实践检验改善效果。			
教学目标			
学生初步掌握采样、监测、数据分析等科学方法、技能和思维方法，增强环保意识。			
教学方法			
研究性学习成果汇报			
具体设计			
1. 引入。 教师带领学生回顾课程，引出生态课程小组的研究课题。 2. 学生依次介绍“校园池塘水质的监测和保护”课题研究。 ①水质理化性质监测。 ②浮游生物定性及定量监测。 ③水体代谢监测(黑白瓶)。			

续表

④微生物定性及定量监测。 （全方位多角度的指标监测，用数据说话。） ⑤微核毒性试验监测。 ⑥水质改善尝试实验（初步）。 综合以上结论。 3. 全班讨论，评价各个方案，完善适合我校实际情况且经济实惠的方案。 4. 全班讨论，提出进一步的水质改善尝试方案。 （从现实生活出发，理论联系实际。学生通过已有的知识和网络资源进行讨论、筛选、策划，制订水质改善的尝试方案并提交有关部门，为学校池塘水质状况的保护做出实际行动。） 5. 将最终版“校园池塘水污染的预防和治理方案”提交给学校总务。

2. 生态课程教学设计——身体密码

【设计理念】 依托学生在高二下学期开设的研究性学习——身体密码，复习高中阶段的定量实验。

【学科解读】 化学实验经过20世纪信息技术革命已经进入了一个崭新的时代，尤其是定量实验。仪器分析的开发使得人们能够更快更准确地测定物质的组成、含量、结构等信息。在中学阶段，学生学习了一些简单的化学分析方法，生态实验室配备了原子吸收光谱仪、液相色谱仪等大型分析仪器，让学生有机会体会仪器分析化学的震撼。

<table>
<tr><th colspan="4">教学基本信息</th></tr>
<tr><td>课题</td><td colspan="3">身体密码</td></tr>
<tr><td>授课教师</td><td>赵亮</td><td>学科</td><td>化学</td></tr>
<tr><td>年级</td><td>高三</td><td>课型</td><td>研究性学习小课题研究</td></tr>
<tr><th colspan="4">教学目标</th></tr>
<tr><td colspan="4">1. 知识与技能。
学生能够掌握定量实验的方法，分析影响化学反应速率的因素。
2. 过程与方法。
学生体验科学研究的过程。
3. 情感、态度与价值观。
学生能够用化学视角观察生活中的问题，利用化学方法解决生活中的问题，培养对化学学科的兴趣。</td></tr>
</table>

续表

教学过程			
教学环节	教师活动	学生活动	设置意图
创设情境	讲授中学常见的定量实验方法：滴定法、沉淀法、气体方法，介绍仪器分析。	填写学案。	培养学生的化学兴趣。
学生分享	提问：在配制溶液过程中，哪些环节会出现误差？ 让一组同学使用移液管，一组同学使用移液枪。两个小组分享：小组如何通过合作快速、准确配制5份标准液。	填写学案，倾听。	复习溶液的配制。 （实验数据、样品都来自学生自己所做的实验，增强了学生的兴趣，更加真实有意义。）
发现问题	提问：赵笛的头发样品在前处理的时候，用硝酸消解溶解的速度慢，加入双氧水后褪色慢。如何解决这一问题？	讨论	复习影响速率的因素。
学生分享	让学生分享，使全体学生了解标准液选取本台仪器的线性范围小于0.6ug/ml。	讲授	了解标准曲线分析方法。
发现问题	提问：刘嘉雯的头发样品中锌含量低于正常值，原因可能是什么？ （研究性小组展示自己的实验过程，将自己当时遇到的困难变成问题抛给大家讨论，让没有参与过研究性学习的同学也能够体验科学研究的过程：发现问题、研究问题、解决问题。）	讨论	发现影响样品的因素。 （让学生针对本次研学的结论和数据设计下一次研究性学习的方案，让学生体验设计实验、实验探究的过程。）
解决问题	讲授下一步研究性学习方案的设计。	讨论与展示	设计实验方案。
教师小结	总结化学与社会生活科技的关系。	感受	体会化学学科的魅力。

三、学术性高中建设之课堂教学改革

（一）“友善课堂”：“友善用脑”教学设计——Puzzles in Geography

以“友善用脑”理论为基础，通过创设友善的环境，给学生提供良好的学习环境；通过合理的教学环节设置、教学活动安排，提高学生的课堂参与度。采用合作的方式进行课堂教学，鼓励学生积极参与组内的合作、交流、分享，在共同完成任务的过程中帮助学生学会表达、倾听、沟通，获得成长。利用合作调动学生的学习积极性、参与程度，提高学生的学习效率。将自主学习由概念走向操作，在教学过程的不同阶段，使用不同的自主学习形式，探索适合我校学生的自主学习模式。

【设计理念】 学生自主学习与小组合作学习相结合。学生在课前通过自主学习的方式，在网络的真实环境下进行英语阅读，每组负责一个部分的信息收集，并整理一部分信息，为大家提供共同学习的资料，课上以小组合作学习的方式深入学习探究。

【课型解读】 弱化对学生语言知识技能的培养，更关注学生的情感态度、文化意识和学习策略的培养。

<table>
<tr><th colspan="4">教学基本信息</th></tr>
<tr><td>课题</td><td colspan="3">Module 5 Unit 2 The United Kingdom
Puzzles in Geography (Reading II)</td></tr>
<tr><td>授课教师</td><td>杨茜</td><td>学科</td><td>英语</td></tr>
<tr><td>年级</td><td>高二</td><td>课型</td><td>阅读</td></tr>
<tr><th colspan="4">教学目标</th></tr>
<tr><td>英语课程标准</td><td colspan="2">具体目标</td><td>三维目标领域</td></tr>
<tr><td>语言技能
(Language Competence)</td><td colspan="2">1. 能从文章中获取和处理主要信息。
2. 能根据阅读目的使用不同的阅读策略。
3. 能根据需要从网络等资源中获取信息。
4. 能通过分析句子结构理解被动语态的句子并理解其意义。
5. 能根据提供的图片信息、上下文和句子结构猜测词义。</td><td>知识与技能领域</td></tr>
<tr><td>学习策略
(Learning Strategy)</td><td colspan="2">认知策略：
1. 借助联想建立相关知识之间的联系。
2. 利用推理和归纳等逻辑手段分析和解决问题。
3. 在学习中，善于抓住重点，做好笔记，并能对所学内容进行整理和归纳；做笔记时能利用关键词、缩写、符号和数字等(思维导图)。
4. 在学习中借助图表等非语言信息进行理解或表达。</td><td>过程与方法领域</td></tr>
</table>

续表

	调控策略： 1. 主动拓宽英语学习的渠道。 2. 创造和把握学习英语的机会。 3. 了解自己使用学习策略的效果，并根据需要进行调整。 资源策略： 能通过计算机网络资源获得更广泛的英语信息，扩展所学知识，并查找所需信息和材料。	
情感态度(Emotion & Value Cultivation)	1. 课前准备活动是基于网络环境下的信息查找，这个过程更真实，促使更多的学生主动参与有助于提高英语能力的活动。 2. 课堂中利用白板环境使学生在游戏中实现对所阅读信息的应用。 3. 在学习过程中以小组为学习单位，小组之间形成竞争，促使学生有较强的合作精神。 4. 网络学习中每小组只获取一部分信息，在本课学习中学生所获得的信息形成资源共享，达到共同进步。	情感、态度与价值观领域
文化意识(Culture Awareness)	1. 通过本课的学习了解英国的地理、历史、政治和文化等方面的信息。 2. 通过网络资源的学习了解英语中有些词汇、地名、建筑等与文化背景的关系。 3. 初步了解英国重要的历史文化的渊源。	

教学重点
学生能够正确理解和应用文字信息，根据不同的任务正确使用相关的阅读策略。
教学难点
学生能够对英国国旗中为什么没有威尔士的标志进行推理。
教学过程

教学环节	设计意图
1. 回顾和导入。 学生跟随教师的介绍，开始思考上节课阅读的关于英国国歌的课文。	伴随着英国国歌，教师带领学生回忆学生在上节课阅读的课文中讲述的是哪个国家。音乐元素是“友善用脑”中6M策略中的Music，此处结合本节课相关文章的主题“英国”引入英国的国歌，不再是把音乐作为一种背景音乐而是与主题相关，又为以后谈论英国国旗演变的环节做了铺垫。

续表

2. 回顾。 学生完成填空题。通过画出思维导图，回答包含全文内容的四个问题。	利用包含全文内容的四个问题引导学生回忆本篇阅读文章的内容，并利用填空的形式考查学生对文章内容的理解程度。让学生根据所填的三个单词 the UK，England，London，对文章谈论的三部分画思维导图，说明三者的关系，从而引导学生思考作者为什么以这样的方式来进行写作，为今后学生在此类文章的写作布局上提供一种可参考的角度。 **（问题设计以及根据阅读内容创设的实际情境的设计遵循了从实际层面的认知到综合层面的分析，使一节课的学习任务能够更多地满足不同风格、不同层次学生的学习要求。）**
3. 应用。 ①学生找出问题的答案。英国是怎样变成现在这个样子的？借助地图的帮助，学生发现英国演变的过程，根据文中的被动语态判断哪个地图说明了大不列颠的变化。	整节课围绕课前的四个问题开展教学。第一个问题说明了 the UK 在历史上是如何形成的。利用动画效果的地图让学生找出文中与之相匹配的句子，并给文中一个被动语态句子配上不同动画效果的地图，引导学生判断哪个地图与文中的语言相匹配，从而利用这一动画手段帮助学生对英国形成这部分的语言进行理解，同时还指出了英语课程标准学习策略中的认知策略对这种方式的理论依据：在学习中借助图表等非语言信息进行理解或表达，并将这条总结为阅读策略：阅读过程中要充分利用图片、图表等信息帮助自己更好地理解文章信息。引导学生在日后的阅读考试中，对试卷中的非文字语言信息予以关注。
②利用地图、英国历史上的不同名称以及每个国家的国旗，学生发现英国米字旗的形成。	课文中有这样一句话：“So only Northern Ireland joined with England, Wales and Scotland to become the United Kingdom and this was shown to the world in a new flag called the Union Jack.”在这句话下面呈现了四个国旗，分别为英格兰、苏格兰、爱尔兰以及英国的。这些国旗中没有了威尔士的国旗，英国的国旗上也看不到威尔士的国旗，引导学生对这个问题进行思考。既解释了课文中这句话的意思，又在复习阶段与第一课时中介绍英国历史名称转变的问题相结合。这个问题考查了学生的推理能力，是本节课的学习难点。为了帮助学生解决问题，教师又将英国国旗是如何演变的这一问题做成了动画效果的幻灯片，提前发到每个学生的电脑中作为学习资源，学生自主地在课件的帮助下完成对该问题的理解。同时，教师利用白板对图片的拖动功能，设计课件，让学生像玩平板电脑游戏一样更深刻地记住了英国国旗的演变历史。 **（对课堂内容的难点，教师将做好的课件传输给学生，让学生通过观察课件自主地解决难点，这样的方式一改以往的教师讲授式，教师仅需要给学生一个支架，学生就能自主地解决问题。）**

续表

③学生起立并听英国国歌，通过读出各种词语，说出国歌的名称。	在分析英国国旗的演变过程后，欣赏英国国歌，与国旗话题相关，与课前引入时的音乐呼应，又符合“友善用脑”中的6M策略。这段国歌的引入符合课程的内容。在课程中适时插入音乐可以缓解学生上课的疲劳。听这段国歌时，要求学生全体起立有两个原因：一是引导学生要尊重他国，唱国歌起立是对国家的尊重；二是“友善用脑”中的元素——健脑操，通过改变学生的姿势，使学生得到身体的放松，从而能够以更好的精力投入下一阶段的学习过程中。
④学生找出问题的答案。学生用给定场景中的信息，判断是真是假。	该部分的问题设置以“是真是假”的节目为背景，创设一种情境，引导学生利用已读到的信息进行事实信息的判断；并追问学生从哪里可以获取答案，引导学生在进行阅读理解问题作答时，要有回归文本的意识，为培养个人今后的阅读素养奠定良好基础。
⑤学生回答问题。侵略者给伦敦留下了什么？学生找出文中的答案，并一起阅读该答案。然后要求学生打开电脑中的文件夹，寻找更多关于四批侵略者的信息，文件夹中的所有信息都来自网络，学生阅读后会给予新的任务。	学生针对教师提出的问题进行答案的陈述，其目的是为了引出下一阶段的学习任务；让学生进行资源共享的学习目的是让所有的学生能全面了解英国历史侵略者留给伦敦的文化特点，通过阅读培养学生人文素养，实现英语课程标准中提出的培养学生的文化意识的目标。
⑥学生将阅读的结论应用于给定的情景，回答关于四批侵略者的问题。	以提供多种情境或推理的问题呈现来检测学生上一阶段的阅读效果。这一设计提升了问题的层次，将表层信息的获取与学生的实际应用相结合，更体现了对学生利用多种事实信息进行推理问题能力的考查，也培养了学生的信息加工处理能力。
⑦一位学生扮演志愿者提出挑战性问题，将四批侵略者分别放在正确的地图上，说明他们来自何处。	在进行自主学习英国的四批侵略者的过程中，每位学生都拿到了相关的问题，而这个问题则不在其中，在课程结尾处进行一个挑战性问题的设置可以在学生疲劳的时间段又一次激发学生的热情，同时也能从中看出学生之前阅读是否认真；让学生在电子白板上拖动相应的侵略者图片至正确的地图上而不是单纯的选择，是满足学生愿意动手体验的需求。

续表

4. 评价学习成效。 学生阅读学习目标，对学习效果做出自我评价。	在课程结尾处回顾课程目标，一是使学生对照课堂开始时制定的目标自主评价这节课的学习效果；二是结合“友善用脑”中的冥想方式，回顾本节课中通过什么样的方式实现课程目标的达成。
5. 作业。 学生仔细倾听作业要求。	与学习任务一致的作业会帮助学生巩固这节课的学习效果。在此环节中，教师将这篇文章所包含的内容用短语进行陈述，让学生课下将这些信息分为政治、经济、文化、地理四大类，并设置“英语周主题演讲”这样一个情境，让学生在课下完善自己的思维导图，利用思维导图和作业中的分类进行题为“How British History Brought About The UK”的演讲准备。 （将阅读到的信息应用到解决教师创设的一些实际场景或实际问题中。）
注：“友善用脑”的 6M 包括 Music（音乐）、Movement（运动）、Multi-sensory（调动多个感官）、Mindmapping（思维导图）、Meditation（冥想）、Mimmow (Making it memorable my own way)（以我自己的方式记忆）。	

（二）“智慧课堂”：“数学微课”教学设计——使用图形思考问题

“智慧课堂”是在“互联网＋”的教育背景下，充分利用 PAD 互动技术、微课等，创新课堂教学模式，推进学习方式变革，使现代信息技术和课堂教学内容得到更为深入的融合，打通课内课外，丰富教学资源，全面提高课堂教学效率和学生的学习效率，为学生提供更加丰富的学习对象和学习经历。

【设计理念】 领会解析几何的基本思想，把握思维特点与方法是学好解析几何的重要基础。要想提高学生的复习效率，就要让学生真正理解解析几何这门学科的思维特点，而不能仅仅把解析几何的所有问题都归结为计算。在将几何对象进行代数化的过程中，一个重要的步骤是要能够从几何对象相关的图像、几何对象的方程以及有关的几何量的数值、坐标等中得到几何对象的几何特征，从而为后续的代数运算打好基础。

【课型解读】 通过微课，从整体角度让学生在知识上有一个整体认识，再从思想方法上进行总结与提升；通过实例，让学生对本章学习的根本方法有一个重新认识，为以后的深度学习做好知识能力方法的准备；同时通过自主学习培养学生的思维能力。

<table>
<tr><th colspan="4">教学基本信息</th></tr>
<tr><td>课题</td><td colspan="3">使用图形思考问题</td></tr>
<tr><td>授课教师</td><td>李晶</td><td>学科</td><td>数学</td></tr>
<tr><td>年级</td><td>高三</td><td>课型</td><td>数学微课</td></tr>
<tr><th colspan="4">教学目标</th></tr>
<tr><td colspan="4">1. 学生经历从几何背景和几何图形中得到曲线的几何性质的过程。
2. 学生经历从曲线方程、坐标等代数数据中得到有关几何对象的几何特征的过程。
3. 学生能够掌握解析几何的基本思想，体会解析几何的思维方法。</td></tr>
<tr><th colspan="4">教学重点</th></tr>
<tr><td colspan="4">学生能够从代数与几何两个方面得到曲线的几何特征。</td></tr>
<tr><th colspan="4">教学难点</th></tr>
<tr><td colspan="4">学生能够通过研究方程来研究曲线的性质。</td></tr>
<tr><th colspan="4">教学方法</th></tr>
<tr><td colspan="4">自主探究、启发式教学法</td></tr>
<tr><th colspan="4">教学过程</th></tr>
<tr><td>教学环节</td><td colspan="2">师生活动</td><td>设置意图</td></tr>
<tr><td>总结知识，形成基本思想（微课）</td><td colspan="2">1. 总结平面解析几何的研究方法。
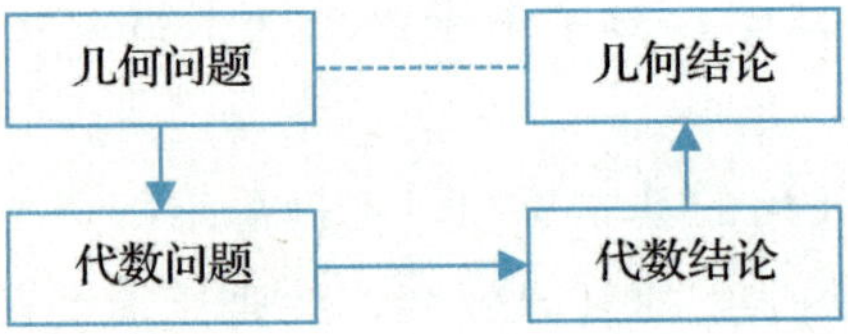
</td><td>让学生总结解析几何的研究方法。</td></tr>
</table>

续表

	平面解析几何使用的方法不是演绎推理的思维方法，而是用代数的知识和方法解决问题。因此，采取了如下三步。 ①建立适当的平面直角坐标系，用坐标和方程表示问题中设计的几何元素，将平面几何问题转化为代数问题。 ②通过代数运算，解决代数问题。 ③把代数运算结果翻译成几何结论。 2. 当我们要面临一个几何问题的时候，要分析几何对象的几何特征，那么如何分析几何对象的几何特征呢？ ①从几何背景、几何图形中得到几何性质。 例：若直线 l：$ax+y+2=0$ 与连接点 $A(-2,3)$，$B(3,2)$ 的线段有公共点，求 a 的取值范围。 **（通过两个点与直线的位置关系具有的几何特征得到几何性质。）** ②从曲线方程、几何量、坐标等代数数据中得到有关几何对象的几何特征。 例：直线 $y=kx+1$ 与椭圆 $\frac{x^2}{5}+\frac{y^2}{m}=1$ 恒有公共点，求 m 的范围。 **（从方程中挖掘几何特征。）**	通过实例，了解分析几何对象的几何特征的基本方法；几何特征的挖掘越透彻，代数化的方法越简单。
简单应用，形成基本技能	1. 已知动圆 P 过定点 $A(-3,0)$，且在定圆 B：$(x-3)^2+y^2=64$ 的内部与之相切，求动圆圆心 P 的轨迹方程。 2. 已知 F_1，F_2 是椭圆 $\frac{x^2}{16}+\frac{y^2}{7}=1$ 的两个焦点，P 为椭圆上一点，且 $\overrightarrow{PF_1}\perp\overrightarrow{PF_2}$，求 ΔPF_1F_2 的面积。 方法 1：焦半径法。 方法 2：通过垂直，挖掘图形的几何特征，从而代数化。 变式：已知 F_1，F_2 是椭圆 $\frac{x^2}{16}+\frac{y^2}{9}=1$ 的两个焦点，点 P 在椭圆上，P，F_1，F_2 为一个直角三角形的三个顶点，求点 P 到 x 轴的距离。	通过分析几何背景、几何图形，得到曲线的几何特征。 要确定直角三角形的三个顶点中哪一个是直角顶点，就要分析代数形式 $\frac{x^2}{16}+\frac{y^2}{9}=1$ 的几何意义，对几何特征的认识要到位。

续表

综合应用，形成能力	3. 已知圆 C：$(x-3)^2+(y-4)^2=1$ 和点 $A(-m, 0)$，$B(m, 0)(m>0)$，若圆 C 上存在点 P，使得 $\angle APB=90°$，求 m 的最大值。 练习：设点 $M(x_0, 1)$，若在圆 O：$x^2+y^2=1$ 上存在一点 N，使得 $\angle OMN=45°$，求 x_0 的范围。 反思：在挖掘几何特征的过程中你积累了哪些经验？	本题充分挖掘图形的几何特征，分析代数特征，将最值问题转化为特殊位置，从而解决问题。
课堂小结，布置作业	1. 通过本节课的学习，你有什么收获？ ①如何通过图形挖掘几何特征。 ②通过代数形式挖掘几何特征。 作业：过定点 $M(4, 2)$ 任作互相垂直的两条直线 l_1，l_2，分别与 x，y 轴交于 A，B 两点。求线段 AB 中点 P 的轨迹方程。	在教师的引导下，学生自主反思，使学生对问题及问题解决本质的理解进一步内化，形成解题的策略，提升解题的能力。

（三）理科情景教学

理科情景教学，根据学生间接知识学习中简化了由现象到抽象过程的特点，有效设计情景，致力于学生理性思维、学术素养、创新能力的培养。基于理科学科内容知识的特点，为学生提供场景化的知识探索氛围，培养学生发现问题、合理猜想、提出概念、探索规律、应用探究的能力。借助学生的生活经验，为学生思考问题提供导向，引导学生做出不同的表征，连接不同的内容，适当掌握一些思维策略，从而培养学生根据某一任务要求获取、收集、分析和处理信息的能力，反思、批判、综合、建构的能力以及持续不断地根据外部世界的需要进行自我组织学习的能力。

1. 理科情景教学的设计——力的分解

【设计理念】 尝试以探索、经历、阶梯、渐进为主线，使学生体验周围事物，发现问题。教师为促进学生解决问题设置合适的阶梯，使学生在逐渐的进步中，满足地求知。

【课型解读】 在整个教学过程中，教师尽最大努力创设情景，引导学生在观察、经历、体验中学习，使教学观点和模式从传统的重结论、重传授转变为重过程、重发展学生的观察、实验、分析以及解决问题的能力，而教师在课堂中只起到设置情景、激励、发现、欣赏、穿针引线、推波助澜的作用。学生毕竟而且必定是学习的主体和主人。

教学基本信息			
课题	力的分解		
授课教师	梅永清	学科	物理
年级	高一	课型	情景教学
教学目标			
1. 知识与技能。 ①理解分力的概念，知道分解是合成的逆运算。 ②会用平行四边形定则进行作图并计算。 ③能用力的分解分析生产生活中的问题。 2. 过程与方法。 ①强化“等效替代”的思想。 ②培养学生观察及设计实验的能力。 ③培养学生运用数学工具解决物理问题的能力。 3. 情感、态度与价值观。 ①培养学生参与课堂活动的热情，培养研究周围事物的习惯。 ②培养学生将所学知识应用于生产实践的意识和勇气。			
教学重点			
学生能够在具体情况中根据实际效果利用平行四边形定则进行力的分解。			
教学方法			
情景教学法			

教学过程		
教学环节	师生活动	设置意图
引入：四两拨千金	1. 创设情景：让两名力量较大的学生拔河，僵持阶段，教师用两根手指轻轻拉绳中点，两名学生会被拉动。 2. 提出问题：为什么我轻轻地、毫不费力地将他们俩拉动。	概念形成和问题提出：让学生做起来，在“做”中做好准备并且在“做”后发现问题——力的分解有无数种可能。

续表

新课教学	问题探究：如何确定力的实际效果，教学中设计两个模型，层层递进。 **模型一：**放在斜面上物体所受重力 G 的分解 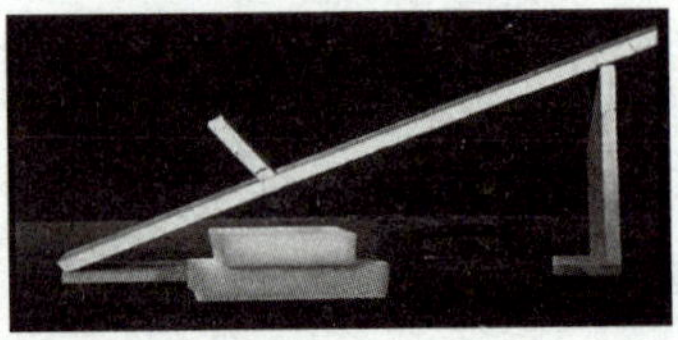 效果一：使物体沿斜面下滑。 效果二：使物体紧压斜面。 倾角为 θ 的斜面上放有一个物体，如图所示。该物体受到的重力 G 能对物体产生哪些效果？应当怎样分解重力？分力的大小各是多大？ 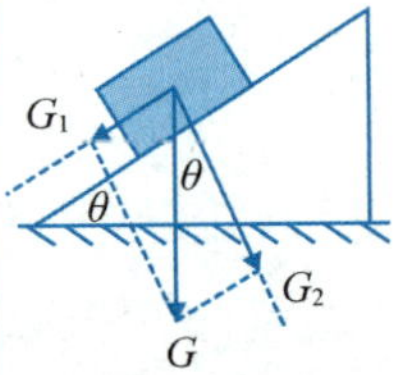 两个分力的大小为：$\begin{cases} G_1=G\sin\theta \\ G_2=G\cos\theta \end{cases}$	前两个模型普遍且典型，学生有一定的生活经验，鼓励学生大胆地说，直接地观察，独立尝试分解过程；教师对分解过程规范进行示范，同时训练学生用数学工具解决物理问题的意识和能力。
	模型二：拖拉机斜向上拉耙的力 F 产生的效果 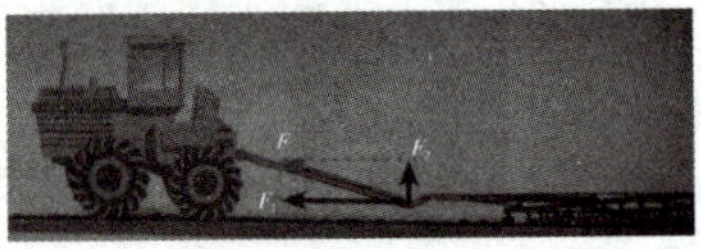 效果一：使耙克服泥土阻力前进。 效果二：将耙向上提。 学生分析：斜面倾角增大，G_1 增大，G_2 减小。 联系实际：①高大的桥为什么要造很长的引桥？ (拱桥的优势) 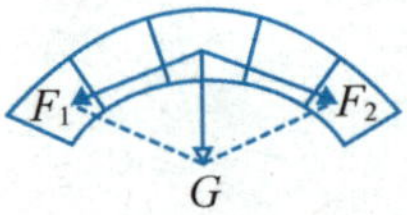 	鼓励学生将所学知识应用于生活实践；在这一过程中主要通过生活中的实例引导学生体会力的分解的应用，让学生意识到物理既源于生活又走向生活，培养学生研究周围事物的习惯，培养学生将所学知识应用于生产实践的意识和勇气；既消化理解新知识，又主动将理论知识带到生活中去，为此设置两个递进的问题。

续表

	②螺旋状的盘山公路的原理是怎样的？ 	
作业布置	开放探究：请设计一个实验，测出一根棉线的最大承受力。	实际探究应用所学内容。

2. 理科情景教学的设计——有机合成的应用：从天然到生产

【设计理念】 把科学和人类社会生活结合起来。

【学科解读】 香料在生活中很常见，选择香料作为课堂教学的切入点，贴近学生的生活。将化学知识应用到香料的合成中，体现知识的价值，让学生能够深刻体会有机合成的价值。

<table>
<tr><th colspan="4">教学基本信息</th></tr>
<tr><td>课题</td><td colspan="3">有机合成的应用：从天然到生产</td></tr>
<tr><td>授课教师</td><td>李默</td><td>学科</td><td>化学</td></tr>
<tr><td>年级</td><td>高二</td><td>课型</td><td>情景教学</td></tr>
<tr><th colspan="4">教学目标</th></tr>
<tr><td colspan="4">1. 知识与技能。
①学生认识官能团的结构特点，掌握常见官能团的性质，熟练进行官能团转化。
②学生深入理解官能团在有机合成中的重要功能。
2. 过程与方法。
①通过对肉桂、桂枝、梵尼兰在生活、医药方面的作用及其主要成分的合成，学生体会人类对物质由经验到解释的认识过程。
②学生初步体验有机合成路线设计的思路和方法，发展自己的学习基础与可持续学习的能力。
3. 情感、态度与价值观。
通过有机合成在实际生产和生活中的应用，学生发展学习化学的兴趣，赞赏化学对个人生活和社会发展的贡献。</td></tr>
<tr><th colspan="4">教学重点</th></tr>
<tr><td colspan="4">学生能够掌握官能团之间的相互转化。</td></tr>
</table>

续表

教学难点

学生理解官能团变化在有机合成中的功能。

教学结构图

1. 知识线索。

正合成：物质转化→衍生关系→官能团转化

逆合成：官能团引入（消除）、增长(缩短)碳链

2. 物质线索。

肉桂醛（肉桂）→肉桂酸（桂枝）→ 阿魏酸（肉桂酸衍生物：3-甲氧基-4-羟基肉桂酸）

阿魏酸 →（生物合成路线）→ 香兰素（香草）

愈创木酚 → 4-甲基愈创木酚 →（学生合成路线）→ 香兰素（香草）

愈创木酚 →（化学合成路线）→ 香兰素（香草）

（本节课的素材完全来自生活，贴近学生的生活。肉桂和梵尼兰都是生活中常见的香料，它们的化学成分分别为肉桂醛、香兰素，从肉桂醛到香兰素，学生利用自己的有机合成知识完成二者的合成。在合成过程中还涉及肉桂酸、阿魏酸，二者都是中药的成分。）

教学过程

教学环节	教师活动	学生活动	设置意图
课题引入：化学合成的必要性	介绍香料在历史上的地位。	思考、感悟	突出化学合成的必要性。
	展示肉桂，介绍肉桂中含有肉桂醛，讲解肉桂醛的来源。	观察肉桂，闻肉桂的味道，体验肉桂是一种常见的调味剂与香料。	体会化学与生活的联系。
正向合成：衍生关系	指导学生由乙烯与氯化苄合成肉桂醛。	根据所给信息，完成合成。	复习衍生关系。
	观看学生操作。	通过肢体语言表演出物质，其他同学猜。	知识性与趣味性的结合。
官能团变化	讲解肉桂树的干树皮是肉桂，新鲜的树枝是桂枝，桂枝的主要成分是肉桂酸，肉桂酸是桂龙咳喘胶囊的主要成分，指导学生由肉桂醛合成肉桂酸。	聆听、思考，完成合成。	将化学与生活联系；帮助学生体会通过官能团变化实现物质转变。
	指导学生参加“一站到底”游戏。	复习每种官能团及其所能发生的反应。	复习官能团性质。

续表

逆合成：引入(消除)官能团	展示大白兔奶糖、费列罗可可酱、惠氏奶粉、哈根达斯香草冰激凌，引出香兰素，介绍香兰素的重要用途及人工合成的必要性。	倾听、感悟、体会	体会有机合成的重要作用。
	展示香兰素。	观察香兰素，闻其气味。	将化学与生产、生活实际联系。
	指导学生从官能团引入角度，由4-甲基-2-甲氧基苯酚(4-甲基愈创木酚)制备香兰素；总结、归纳引入官能团的方法。	完成转化、思考，记笔记。	学以致用，总结提升。
逆合成：增长、缩短碳链	展示实际工业合成路线：愈创木酚法制备香兰素；展示香兰素制备多巴胺。	分析官能团的变化，体会官能团的引入(消除)，增长、缩短碳链。	体会官能团在有机合成中的重要功能。
	介绍阿魏酸生成香兰素的工艺。	倾听、领悟	合成路线的优化
总结	从肉桂、桂枝、梵尼兰到肉桂醛、肉桂酸、香兰素，是一个从天然到生产的过程；我们国家的中医药博大精深，如果基于中医经验加上对其主要成分的分析，会让中医药向着更高的程度发展。 **(从自然界的梵尼兰到香兰素的合成，引导学生从自己设计合成路线到评价工业生产的合成路线，体现有机合成路线的设计理念，并且提出了我国中药从经验走向解释的发展方向。)**	倾听、领悟	有机合成的作用

四、以“成长”为核心的主题班会课程化建设

以“成长”为核心的主题班会，根据儿童成长的阶段性，整体架构阶段性成长目标，以学生成长过程中的需求和问题为线索，采用学生辩论、研究、体验等方式，建立起与学生生命成长、成熟内在历程吻合一致的科学有序的学校德育主题导引课程体系，融认知、实践、体验、反思为一体，着力提高

学生的社会责任感、勇于探索的创新精神和善于解决问题的实践能力。

（一）“成长”主题班会设计——“我们”和“我”

【设计理念】 集体行动是人类的一个基本行为模式。一个集体必然意味着个人自由的让渡，学生通过班会认识集体存在着缺陷，并在认识集体缺陷的基础上，讨论建立怎样的组织。班会旨在帮助学生认识到人类社会行为包括个人行为和集体行为，了解集体与个体自由。学生在班会中认识“罗伯特议事规则”，并能运用该规则处理和解决现实生活中的问题。

【年级解读】 高一是起始年级，学生刚刚进入一所新的学校、新的集体，既有兴奋感又有陌生感，既希望能迅速地融入集体，又不敢贸然尝试，不敢在新集体中展示自己的特长。本次班会从设计上要贴近学生的学习生活，深入学生内心，帮助学生更好地适应新集体的生活。

<table>
<tr><th colspan="4">主题班会基本信息</th></tr>
<tr><td>课题</td><td colspan="3">“我们”和“我”</td></tr>
<tr><td>授课教师</td><td>鄂佳佳</td><td>年级</td><td>高一</td></tr>
<tr><th colspan="4">主题班会目标</th></tr>
<tr><td colspan="4">1. 了解集体与个体自由。
2. 知道“罗伯特议事规则”。
3. 在认识集体缺陷的基础上，讨论建立怎样的组织。</td></tr>
<tr><th colspan="4">主题班会形式</th></tr>
<tr><td colspan="4">通过小品、提问、讨论、演讲等环节，让学生充分参与活动，展示学生的主体地位，让学生在体验中感悟收获。</td></tr>
<tr><th colspan="4">活动过程</th></tr>
<tr><td>环节</td><td colspan="3">活动设计</td></tr>
<tr><td>小品：暑假旅行</td><td colspan="3">学生编排小品，演绎高中生不愿跟随家长外出旅行，希望自己安排假期生活，表现对家长的反感和对自由的渴望。学生通过小品认识到小家庭内意味着个人自由的让渡，了解“个人主义”的崛起。</td></tr>
<tr><td>讨论：子贡赎人</td><td colspan="3">一位学生讲述子贡赎人的故事。学生分小组讨论孔子为什么要批评子贡，鲁国政府的做法又会造成什么样的后果。通过讨论，学生认识到过分强调个人无私奉献，最终会对集体造成损害。因此，狭隘的集体主义是存在缺陷的。</td></tr>
</table>

续表

演讲：个人与集体	一位学生进行主题演讲。学生认识到集体行动是人类的一个基本行为模式，我们应该在认识集体缺陷的基础上，建立起集体运作规则。介绍“罗伯特议事规则”，个人在保持独立的基础上，融入集体合作，最终达到个人与集体的共赢。
案例分析：孙杨与霍顿	学生运用“罗伯特议事规则”分析一件案例，对个人与集体有更深层次的认识。我们每个人都生活在或大或小的集体中，无法独立于人类社会。因此，我们必须把自己的独特性放在安全的范围内，同时接受不同。
小品：暑假旅行续集	小品中坚持自我的高中生，通过交谈发现了旅行的好处，同时认识到自己在家生活的不可行，最终选择迈出心门，接纳父母的安排，但坚持与父母签订一份和约。学生在观看小品的过程中，体会人物内心的转变，加深对个人与集体关系的认识。
活动：订立与父母和平共处五项条约	学生领取爱心便笺纸，写下自己希望和父母订立的和平共处条约，然后把便笺纸贴在黑板上，组成一个爱心。
总结	在班会过程中，学生通过自己的内心感悟来全面地认识个人与集体的关系，认识到个体自由不等于绝对自由，集体主义不能变成狭隘的集体主义。在日常的学习生活中，学生能够把自己的独特性放在安全的范围内，同时共同组成一个具有包容性的大集体。

（二）“成长”主题班会设计——一年总结

【设计理念】 合适的反思将是学生受益一生的习惯；科学的行为训练。培养学生自律习惯，提高自我管理能力。

主题班会基本信息			
课题	一年总结		
授课教师	刘健	年级	高二
主题班会目标			
1. 学生学会用科学的方法反思。 2. 学生认识到合适的反思将是他们受益一生的习惯。			

续表

活动过程	
环节	活动设计
准备	1. 每位学生高一一年四次大考成绩。 设计意图：成绩是学生学习过程的检验，一年四次大考的发展轨迹，能够非常强烈地引发学生的思考，这为“一年总结”主题班会的进行提供了有冲击力的情景。 2. 每位学生针对成绩，找出自己最满意/最不满意的一科(两科)。 设计意图：为学生提供机会，站在经验的角度去分析和回顾自己的学习行为。满意、不满意是一个判断，为分析这个结论的依据形成良好的准备状态。
反思 1	情景剧 1：入学后知识上的跨越大。 情景剧引入的目的是舒缓学生的心理压力。大多数学生习惯了反思成绩就要挨批的模式。为了教会学生有效地反思和行动，需要先破解他们的既有范式。
反思框架讲授	1. 反思。 教师提出分析框架，提出成绩好就满意，成绩不好就不满意，这只是从结果上做出判断，随着年龄的增长，我们要在关心结果的基础上，学会更多地关注过程，关注原因。俗话说：“凡人怕果，菩萨畏因”，就说明了真正的洞察来自对原因的思考而不是结果。 教师利用学校学习力培养的框架，和学生一起进行一次结构化的反思。让我们一起对自己的学习行为进行深入的反思。 ①学习动机。 ②学习目标。 ③学习策略。 ④自我管理情况。 2. 将以上四个概念预先用毛笔字写在不同颜色的宣传纸上，进展到该环节，请学生帮忙贴在黑板上。 3. 反问。 在学生张贴的过程中，教师向学生提出问题，我们的学习动机强烈吗？是不是经常能够自我激励？让自己在日复一日的学习过程中，不管遇到什么困难，都能够打起精神不断向前吗？ ①目标实现了吗？ ②为什么？ ③以后怎么办？ 学习目标是否达成，我们仅仅从学习动机上思考问题还是过于简单了，尽管具备充分的学习动机是第一步，我们还需要从技术上不断改进自己的学习能力，这个技术主要由两个部分组成：学习策略和自我管理。（班会以情景剧的形式呈现，用放松的、幽默的眼睛看学生的表现，引导学生自己反思、科学调整自己的行为。）

续表

深化概念	关于学习策略，导学课教师提出了 8 个主要策略，你的哪个方面差一些？这时，把学习策略的报告结果拿出来，让学生看看自己上学期对自己学习策略的评价，这又一次将学生引入对具体策略的思考。
反思 2	情景剧 2：答疑与不答疑。
深化概念和班会目标	自我管理也是学生比较弱的地方，班主任引导学生反思，还要加强学生自我管理，不断让学生改进自己的学习策略。所以，自我管理概念不多讲，主要是引入“心愿树”，画一个大树，一周树立一个目标，一周后看看是否可以将树上的苹果涂红。
反思 3	情景剧 3：学习与活动如何结合。
反思 4	小品：学习动机的总结。
总结 学习策略和自我管理是导学课的内容，这些内容学生都熟悉，但是在概念上理解和应用这些概念来指导自己的行为还是完全不同的，知行合一并不是一件容易的事情。通过本次主题班会，希望学生能够形成反思和自我激励、自我管理的能力。 班主任从事学生行为干预有着天然的优势，学生和家长都期望班主任能够对学生的成长加以干预。因此，当班主任带领学生进行学习行为反思时，学生会有非常高的接受度。导学课教师在讲这些概念的时候，学生会认为学习动机、学习策略和自我管理只是一些有意思的概念而已。从这节课上完后学生的反应来看，几乎每个同学都使用了“自我管理树”，有一个学生家长反馈道：孩子这周都没有让家长叫起床。 （引导学生思考：成绩、动机、学习策略和自我管理，失败有没有销蚀我的信心？我有没有因为成绩轻视过他人？这里引申一下，不仅仅有对自己，还有如何对他人。）	

（三）“成长”主题班会设计——信仰与理性相悖吗？

【设计理念】 “所有信仰都与理性相悖吗?”是法国的高考作文题目，极具哲学的辩证思维特点，思辨空间很大。

【年级解读】 本次班会是针对高三学生进行的，这是在高三即将离开中学校门的最后一次大型的主题班会，也是学生由幼稚走向成熟，由“学校大门”跨入“社会大门”过程中的一次思考。

主题班会基本信息			
课题	信仰与理性相悖吗？		
授课教师	赵琳	年级	高三

续表

主题班会目标	
学生能够充分感受理性与信仰的辩证统一关系。通过辩论过程中的事例论据，学生能够激发自己对于理性与信仰的思考，领悟在理性与信仰之间寻求平衡点的重要性，从而感悟在面对各种思潮论调的环境中，要保持一颗独立的心，善于合作也要善于独处，不盲从、不狂热。	
主题班会形式	
主题以辩论会的方式展开，辅以视频观看、学生探讨及自由发言。	
活动过程	
环节	活动设计
主题引入	通过观看“法国大革命”“五月花事件”“十字军东征”等相关历史事件的视频，引入主题。
辩论主题	学生通过之前的自由结队，形成正反双方，进行辩论。 （辩论会的方式给学生以充分的相互探讨、争论、辩证的空间，有利于全体学生的参与，促进每个学生个体的思考。）
学生讨论、自由发言	针对辩论过程及视频的观看，由主持人提出相关问题，全班同学分组相互探讨，并发言。 （当今社会，互联网迅猛地推动着各种思潮的传播。我国改革开放三十多年来，经济社会发展，成就举世瞩目，人们思想认识上的独立性、选择性、多变性、差异性日益增强。人们的思想从没有像今天这样活跃，新思想、新浪潮纷至沓来，新风尚、新流派风起云涌。十八岁意味着学生将脱掉稚气，以成年人的身份步入社会。而作为独立的社会个体如何面对这些思潮，如何保持一颗独立的心，是每个人都需要思考的问题。）
总结（略）	

参考文献

CANKAO WENXIAN

[1] [美]特丽萨·M. 艾曼贝尔．创造性社会心理学[M]. 方展画等译．上海：上海社会科学院出版社，1987.

[2]联合国教科文组织．世界教育报告1998：教师和变革世界中的教学工作[M]. 罗进德等译．北京：中国对外翻译出版公司，1998.

[3][美]小威廉姆·E. 多尔．后现代课程观[M]. 王红宇译．北京：教育科学出版社，2000.

[4] [美]马乔里·J. 克斯特尔尼克等．儿童社会性发展指南——理论到实践[M]. 邹晓燕等译．北京：人民教育出版社，2009.

[5][英]怀特海．教育的目的[M]. 庄莲平，王立中译．上海：文汇出版社，2012.

[6][美]皮特里等．动机心理学[M]. 郭本禹等译. 西安：陕西师范大学出版社，2005.

[7]王小明．学习心理学[M]. 北京：开明出版社，2012.

[8][英]卡尔·波普尔．客观知识：一个进化论的研究[M]. 舒炜光等译．上海：上海译文出版社，2015.

[9]詹万生．整体构建学校德育体系总论[M]. 北京：教育科学出版社，2001.

[10][加]迈克尔·富兰．变革的力量[M]. 北京：教育科学出版社，2004.

[11]果淑兰．学习型学校建设之路[M]. 北京：北京出版社，2015.

[12][美]托马斯·J. 萨乔万尼．道德领导：抵及学校改善的核心[M]. 冯大鸣译．上海：上海教育出版社，2002.

[13][英]阿什比．科技发达时代的大学教育[M]. 滕大春等译．北京：人民教育出版社，1983.

后 记

HOUJI

作为教育界的一名“老兵”，对“教育”越来越敬畏，对每一个生命成长的艰辛与美妙越来越敬畏，也就愈发地感受到教育内涵发展的重要性。

我主持的国家社会科学基金“十二五”规划教育学一般课题《学术性高中的内涵与实践研究》，以提高教师学术能力，培养学生学术素养为切入点，深化我们的学习型学校建设，探索优质高中内涵发展的道路。

为者常成，行者常至。作为一所中学，在近五年的课题研究过程中，遇到了前所未有的挑战，也收获良多，我们在探索基层学校如何提高教师学术能力和培养学生学术素养的运行机制的同时，也充分感受到今天办学与研究相互依存的必要性。研究的过程也是一个生命成长的过程，就像这本小书所承载的我们一路走来的韶光。未来在前，就像对岸的风景，我们努力做着划桨的艄公，期待为教育留下些路迹。

我们的课题研究扎根于学校，根植于教师，成长于课堂，最终让学生获得受益终生的品质和能力。课题研究的成果是集体智慧的凝结。感谢学校所有老师们的辛勤劳动，1000 多个日日夜夜，大家一起行动着、实践着、探索着，这源自十几年学习型学校建设形成的“场”，源自对伟大事业的澎湃之情，更源自教师个体生命状态的提升而引起的教育智慧的激发与回归。

感谢全国教育科学规划办对我们的信任，感谢市区教委、各科研部门、研修部门给予我们的支持，感谢诸多教育专家对我们的引领和指导。整个课题研究离不开北京师范大学曾晓东教授一路相伴，她亲身躬耕，走进课堂、走进教师、走进学生，她谦虚地称“工作就是一种相互启蒙”，却让我们对学术的力量更加敬重。

感谢北京师范大学出版社专业、细致、耐心的工作，为书稿的付梓出版花费了诸多心血。

从茫然困惑的摸索到坚定自信的前行，虽是一路挑战，却恰恰助推了学校内生变革力量的不断发展、壮大。在学术和文化的指导下，我们的教育创新，群体智慧的激活，都让教育的生命力不断迸发与激扬。教育发展，正是因为所有参与者的存在和付出，而享有进步和强大。我们找到了路，我们会沿着这条道路，一直向前。为学生的一生负责，这是我们的使命，也必将成为我们的荣誉。

果淑兰

2016 年 11 月 26 日

于北京市第十一中学